L'AMÉRIQUE ET
LES AMÉRICAINS

L'Amérique et les Américains

PRICE COLLIER

L'Amérique
et
les Américains

TRADUIT DE L'ANGLAIS

Par Mademoiselle Marie MATHIEU

PARIS

LOUIS THEUVENY, ÉDITEUR

80, RUE TAITBOUT, 80

1904

A M...

Les lecteurs de ces quelques pages
pourront trouver étrange que je vous
dédie ce petit livre, à vous, une Américaine — la plus charmante, la plus
sincère, la plus capable des femmes,
digne de porter une couronne dans
tout pays, n'en ayant nul besoin dans
le vôtre. Je dépose à vos pieds mes
préjugés de Français. Si toutes vos
compatriotes vous ressemblaient, votre
patrie serait le pays le plus heuréux
du monde.

L'Amérique
et les Américains

I

DE LIVERPOOL A NEW-YORK

Quand je quittai Paris pour faire un second
voyage aux États-Unis, ma sœur me fit pro-
mettre non seulement de lui écrire régulièrement, mais aussi de tenir un journal que je lui
donnerais à lire à mon retour. Bien que je puisse
dire que j'ai beaucoup voyagé pour un homme
de mon âge (j'ai suivi les cours d'une université en Allemagne, j'ai passé un hiver à Rome,
une année en Suisse, et j'ai fait plusieurs autres
séjours de moindre importance en Russie, en
Turquie, en Hollande et en Angleterre), personne ne m'a jamais demandé d'écrire un récit
détaillé de mes voyages.

Mais au sujet des États-Unis, c'était une autre affaire. Un charmant secrétaire de légation américain avait dit à ma sœur, également charmante, qu'elle ressemblait beaucoup à la belle Mme R..., de New-York. Le plus drôle, c'est que, plus tard, des relations d'amitié entre nous et le susdit secrétaire et son épouse nous ont fait découvrir qu'un certain parent éloigné de La Fayette, qui l'accompagnait lors de son second voyage au Nouveau-Monde, rencontra à New-York une belle Américaine qui le subjugua et que finalement il épousa. D'où il résulte que la belle Mme R... est en vérité une de nos parentes — bien éloignée !

C'est ce qui explique le grand désir de ma sœur d'avoir plus de détails sur mes impressions : d'abord au sujet de Mme R..., (oh ! la vanité des femmes !) puis de l'Amérique et des Américains.

Ayant des affaires d'importance en Angleterre, je me rendis d'abord dans ce pays, et je m'embarquai à Liverpool pour New-York, sur un des vapeurs du « White Star Line » de sa Majesté. Je crois qu'on ne voyage sous les auspices de l'Angleterre que lorsqu'on n'a ni la protection d'un chef français, ni les bons soins de domestiques français. Je ne suis pas un anglophobe, mais il me faut dire que les Anglais ne savent pas faire le café, de sorte qu'un Français n'a pas de premier déjeuner; ils ne savent pas garnir la salade, donc pas de second déjeuner, ils ne savent pas faire la soupe, donc un mauvais dîner. Comme en mer on ne vit que pour manger, ce sont là choses sérieuses; et quoique Crécy, Azincourt et Waterloo soient de bons arguments en faveur de la nourriture anglaise, même aux yeux d'un Français, ils n'ont jamais pu me faire résigner à un premier déjeuner de gladiateur, à un second déjeuner de boule-dogue, et à un dîner pour un appareil digestif qui marche à l'électricité.

Je fus désappointé, en lisant la liste des passagers, de voir que la plupart de mes compagnons de voyage n'étaient pas américains mais allemands, comme me le firent supposer des noms tels que Arnheim, Bethel, Blumberger, Salzberg et autres. Mais j'allais bientôt découvrir mon erreur. Bien que moi-même je parlasse l'anglais mieux que la plupart des habitués du fumoir, un jeune monsieur de Boston me dit que tous ces gens avec de drôles de noms allemands étaient des Américains. Il me conseilla de prendre le tramway qui longe Broadway, à mon arrivée à New-York, afin de voir par moi-même jusqu'à quel triste point cette grande cité s'est sémitisée. Ces habitants du fumoir, avec leurs voix criardes, leurs paris, leurs contes et leur mauvais anglais, étaient en effet des Américains.

Un des grands magasins de détail de New-York, le magasin qui essaie de faire pour New-York ce que le Bon Marché fait pour Paris, et Whiteley pour Londres, mais en laissant de côté la politesse et le côté sérieux et pratique des affaires, est entre les mains des Juifs. « Ces gens-là, me dit mon jeune ami, le banquier de Boston, sont les Chinois de notre commerce de détail. » Et vraiment, on n'a qu'à lire les enseignes d'un bout à l'autre de Broadway pour se rendre compte que le pillage des Égyptiens conduit par Moïse se continue de nos jours à New-York avec redoublement de vigueur.

Le fameux café de New-York « le Delmonicos » est une véritable synagogue à l'heure du dîner, car ces Américains de race plus ou moins mélangée ne sont pas des *personæ gratæ* aux clubs, et ils sont obligés de se réunir dans les restaurants. Une des avenues parallèles à Fifth Avenue leur est presque entièrement abandonnée comme lieu d'habitation, et on me dit que l'amusement favori de certains jeunes gens oisifs consiste à se promener au long de cette même avenue dans les tramways, et de parier sur le nombre de leurs compagnons de voyage qui, entre deux rues données, auront le nez droit. Une des publications mensuelles les mieux connues est entre leurs mains, les affaires juridiques les moins importantes et les moins attrayantes de la ville sont à eux, à un tel point que les honnêtes praticiens les ont plus d'une fois menacés d'attaquer leurs méthodes déshonnêtes; le journal le plus répandu et possédant la plus mauvaise réputation à New-York est aussi à un Juif. Ils sont si nombreux, ils commandent tant d'argent et tant de votes, et ils se défendent mutuellement avec si peu de scrupules que personne n'ose ni les critiquer ni les attaquer ouvertement, bien que de tout côté on n'entende que mépris, insinuations et aversion. J'ai eu la chance de pouvoir juger de leurs bonnes ou de leurs mauvaises qualités par ce que j'ai vu et entendu dans le fumoir pendant mon voyage, car dans les relations sociales on ne les rencontre pas — ni dans les clubs, ni dans le monde, ni ailleurs.

Si la vingtaine de Juifs que j'ai pu étudier pendant la traversée étaient de bons échantillons de leur race, je ne puis le dire. Ils étaient américains d'une manière théâtrale; ils aimaient constamment à faire montre d'un patriotisme sans valeur, qui faisait supposer qu'il était un peu forcé, et, comme tout ce qui n'est pas naturel, il était gauche et exagéré. Un ex-politicien me dit plus tard, que toutes les affaires de détail de peu de valeur, soit commerciales, théâtrales, légales, ou ayant rapport aux journaux, étaient en grande partie aux mains de ces gens. A une certaine occasion, ils essayèrent de faire passer, au nom des Allemands de New-York, une statue — et pas une bien bonne — de Heine à leurs aimables beaux-frères les Américains de naissance; mais c'était pousser un peu trop loin l'essai de leur influence, la statue fut refusée. A moi, étranger, l'idée qu'on pût insinuer que la statue d'un étranger, aussi éminent qu'il fût, statue que trois villes de sa patrie avaient refusée, fût à sa place en Amérique, me sembla suprêmement ridicule. Mais comme nous verrons, ou plutôt comme je vous le dirai dans ces quelques pages, la bonne humeur des Américains est leur plus grande vertu, et aussi leur vice le plus épouvantable.

Si ces gens-là ne donnaient pas une idée juste des Américains, il y avait à bord du vapeur une jeune fille qui, m'a-t-on dit, était le type véritable de la classe nombreuse des Américains coureurs d'hôtels et de pensions bourgeoises. Elle était mince et nerveuse, avec les reins cambrés et la poitrine creuse, autant de qualités physiques que l'on rencontre fréquemment dans les villes de campagne de l'Amérique. Ses yeux étaient vifs et sa langue infatigable, et la franche indépendance de ses manières aurait excité les soupçons chez une Française, elle eût paru gauche chez une Anglaise, et eût été impossible chez une *Backfisch* allemande ; dans son cas, c'était apparemment on ne peut plus naturel. En vingt-quatre heures, elle avait fait la connaissance de tous les hommes libres du bateau, s'était promenée et avait causé avec la plupart d'entre eux, y compris moi-même. Son père la protégeait ou l'appuyait dans tous ses actes d'indépendance, car il ne la voyait qu'aux repas quand le temps calme lui permettait de quitter sa cabine. Elle flânait d'une chaise à l'autre avec celui-ci et celui-là, et souvent on la voyait sur le pont en tête à tête avec un monsieur quelconque longtemps après que les autres dames avaient disparu. Elle n'avait que vingt ans à peu près, mais son innocence, son expérience ou son tempérament semblaient lui être une sauvegarde suffisante. Pour moi, elle n'était qu'une curiosité, mais mon ami de Boston se tint à distance, disant qu'elle représentait une des pestes de la civilisation américaine, une des femmes qui causent et font excuser le divorce, qui sont mauvaises sans vice et bonnes par la grâce de Dieu.

Plus tard, quand je visitai les séjours d'été à la mode avec un ami américain, le fils d'un ex-maire de New-York, je vis un grand nombre de jeunes femmes de cette classe. Ce n'est pas étonnant que ni les Français ni les Anglais ne les comprennent, car en France ce n'est qu'une femme moins innocente, et en Angleterre une qui l'est davantage qui pourraient jouer ce rôle. Mais ici, chose étrange, une telle femme n'est ni une cocotte, ni une coquette. Elle n'a l'œil ni sur votre poche ni sur votre cœur. Elle permet la liberté mais pas la licence, et elle doit son existence au sans-souci, à la négligence et à la bonne humeur des parents américains, et aussi à une certaine influence du climat qui tend à faire disparaître les sexes. Car il est vrai qu'à l'exception des états du Sud, le nombre des naissances diminue d'un pas ferme parmi ceux qui ont eu des parents américains du côté maternel comme du côté paternel pendant au moins deux générations; c'est du moins ce que m'a dit le monsieur poli et intelligent qui est à la tête du Département des Statistiques.

Cette phase curieuse du tempérament physique de l'Américain né en Amérique, et, joint à cela, un certain sentiment religieux exagéré rendent possibles ces diverses inconvenances qui n'ont ici aucun mauvais résultat, mais qui, dans d'autres pays, amèneraient sûrement de vrais désastres sociaux.

L'influence du climat sur la force procréatrice est un sujet que je n'ai jamais vu ou entendu discuter. Il est fort possible que ce terrible climat, avec ses 98°, 99° et 100° F. (36° à 38° C.) à l'ombre en été, et dans de certains endroits 40° F. (40° C.) au-dessous de zéro en hiver, ait un effet inattendu sur l'accroissement de la population. Quand l'énorme immigration des étrangers diminuera, et que la totalité de la population aura vécu un demi-siècle dans cette atmosphère énervante, peut-être que les statisticiens seront bien étonnés de voir que l'accroissement annuel de la population, si énorme de nos jours, diminuera tout à coup d'une manière considérable.

Au sud, où l'immigration est beaucoup moins importante, les nègres se multiplient déjà plus que les blancs dans une proportion de deux à un. New-York n'est plus hollandais, bien qu'il y a cent ans, la moitié des enseignes de William Street étaient en hollandais, et jusqu'en 1764, on n'avait pas prêché en anglais un seul sermon dans l'une ou l'autre des trois églises hollandaises.

L'État de Delaware n'est plus suédois ou norvégien; la nouvelle Angleterre n'est plus ni la vieille ni la Nouvelle-Angleterre, mais elle est peuplée de Canadiens-Français et d'Irlandais, et il n'y a pas bien longtemps que le maire de Boston même était un Irlandais catholique. Que cela soit le résultat de l'énorme immigration, — l'accroissement de la population pendant les dix années de 1880 à 1890 a été de 12,466,467 — ou que ce soit dû en partie à la stérilité croissante des Américains de naissance, c'est un point qui regarde les étudiants d'ethnique, mais qui ne gagne rien à être discuté par un simple voyageur curieux comme moi.

Notre historien scientifique, Taine, attribuerait aussi au climat le caractère taciturne et triste des hommes. En deux siècles, les Puritains, les Cavaliers, les Huguenots et les Hollandais ont acquis un tempérament entièrement différent de celui de leurs ancêtres respectifs. A l'occasion, l'Américain peut être grand parleur, comme aussi le Peau-Rouge, mais le trait saillant de l'Américain d'aujourd'hui c'est son humeur changeante. Un jour il est plein d'espoir, le lendemain il est tout découragé ; un moment il est taciturne et sombre, puis bientôt bavard et nerveusement gai. Parmi les hommes qui ont longtemps habité l'Ouest, il y en a qui ressemblent déjà beaucoup aux Indiens, et même à l'Est une heureuse égalité de caractère est bien plus rare que chez les Européens. Donnez à la cause de tout cela le nom que vous voudrez; appelez-la climat, entourage, enfin ce qu'il vous plaira ; je ne fais que constater un fait ; que de plus savants que moi l'expliquent.

II

NEW-YORK — PREMIÈRES IMPRESSIONS

Tout dépend du point de vue de chacun. Juger New-York — sa politique, sa vie sociale, les manières et la culture de ses habitants — en mettant cette ville au niveau de Paris, de Londres, d'Amsterdam ou de Rome, c'est faire fausse route dès le point de départ.

Il y a cent ans, la population de Philadelphie était de 32,205 habitants, celle de Boston était de 14,640, et New-York était une petite ville hollandaise à l'embouchure de l'Hudson, avec une population de 24,500 habitants. A peine y avait-il une rue de pavée ; les réverbères étaient allumés quelquefois, mais pas toujours ; à l'heure où commencent maintenant les dîners à la mode, tous les amusements et tous les plaisirs étaient déjà finis, et on entendait le cri du guet : « Néuf heures, et tout va bien ! » John Jacob Astor, dont les descendants vous donnent aujourd'hui les dîners les plus grandioses, venait d'arriver à New-York avec son assortiment de violons ; les théâtres étaient qualifiés d'immoraux ; on n'avait pas de monnayage national, et même, il y a une cinquantaine d'années que la petite monnaie consistait principalement en pièces étrangères ; on n'avait ni bibliothèques, ni cabinets de lecture publics ; on distribuait moins de lettres en une année dans les treize États qu'on n'en distribue maintenant en un jour dans la ville de New-York ; dans les rues, on montrait du doigt, comme une célébrité, un homme qui avait été en Europe ; on estime que la population totale de la nation était alors de deux millions et demi, maintenant elle est de soixante-dix millions ; les dépenses annuelles du gouvernement étaient de 5,500,000 dollars ; en 1895, les déboursements, rien que pour des pensions, ont été de 139,807,337 dollars, pensions payées à presque un million de personnes.

Ces faits et bien d'autres encore de la même portée devraient être connus du voyageur dès les premiers jours de sa visite à New-York. Alors, la nouveauté de toutes choses, la vulgarité de beaucoup ; le manque de calme ; les mille et un détails qu'on néglige ; les changements soudains dans le monde social et financier ; le manque de politesse parmi tous les serviteurs, publics comme privés, et le manque de bonnes manières parmi beaucoup de maîtres ; le mépris complet de la liberté personnelle et des droits individuels ; les vigoureux efforts des gens de tous côtés de vouloir tout régler, excepté eux-mêmes, véritable signe caractéristique de ce pays — ces traits de la civilisation et bien d'autres choses encore se jugent d'une manière bien différente si on se rappelle leur propre passé, et si on n'essaie pas de les juger d'après les siècles de Paris ou de Londres, de Venise ou de Rome.

On n'a pas besoin de chercher des excuses pour le premier coup d'œil que l'on a de New-York en arrivant dans son superbe port. Quelques bâtiments sont si hauts qu'ils vous rappellent la fève phénoménale du conte qui devait servir d'échelle pour atteindre le ciel. La lumière forte et éblouissante du soleil fait ressortir clairement les contours des centaines d'énormes bâtiments qui s'élèvent là où il y a cent ans le premier Roosevelt avait ses tanneries, les prairies de Lispenard étaient le séjour favori des sportsmen, et le terrain, qui se loue aujourd'hui au pied carré, se vendait alors à l'hectare. Cela offense l'imagination. Le géant du progrès matériel n'a porté nulle part d'aussi énormes bottes de sept lieues. « C'est impossible dans la vie d'un peu plus d'une génération, » vous dites-vous sur le pont du bateau qui vous amène, mais dans une demi-heure, vous voilà désillusionné.

Vous abordez sur un quai de bois grossier; vous êtes bousculé et renversé par des hommes qui parlent le patois irlandais, ou qui ont l'accent guttural du *Vaterland*; voitures, hommes et chevaux sont embrouillés dans une masse inextricable en dehors de ce grossier hangar; on vous jette dans une voiture déchirée et de mauvaise odeur, qui craque et gémit tout en cahotant sur les mauvais pavés, tirée par deux rossinantes aux harnais en lambeaux, et conduites par un Irlandais qui ne jette son cigare qu'après avoir passé une ou deux rangées de maisons, et dont le costume vient des débris d'un loueur de voitures en faillite et du Mont-de-Piété. On vous demande quinze francs pour peut-être deux milles (environ trois kilomètres) et un franc de plus pour chaque colis, et bien que vous vous laissiez écorcher sans sourciller, votre cocher crache en remontant sur son siège sans jamais vous remercier, ou vous lever le chapeau. C'est alors que vous dites : « Oh! non, il n'y a pas ici de miracle ; ce n'est encore qu'une colonie ! »

Mais voyez ce que valent vos premières impressions ! On vous conduit dans les appartements que votre ami de Washington a retenus pour vous dans un hôtel de Fifth Avenue. Cela s'est fait par télégraphe, mais, en moins d'une minute, le quai, les bousculades et le cracheur d'Irlandais sont oubliés. Il y a des fleurs sur la table, il y a une salle de bain carrelée, il y a de moelleux tapis, des descentes de lit magnifiques, des meubles de bon goût, et le *Figaro*, la *Revue des Deux Mondes* et le *Petit Journal* sur votre table, les feuillets sont coupés. L'eau chaude coule à torrents dans la baignoire, le savon et les serviettes sont de première qualité et, immédiatement après le bain, on vous sert dans de la fine porcelaine un déjeuner qui consiste en fruits, poisson, œufs et café. Je suis ici l'invité de mon ami jusqu'à après-demain, jour où il peut enfin s'absenter de Washington.

Je suis français, je suis économe, et à cheval donné je ne regarde pas les dents, mais je ne puis m'empêcher de me demander ce que tout cela peut bien coûter. Ma sœur et moi, nous avons rencontré ce jeune homme à Paris, où mon ami, l'attaché, nous l'a présenté. Son père, un ancien maire de la ville, est, dit-on, très riche — pourquoi ou comment, je ne sais, mais *lucri bonus est odor ex re qualibet* — comme ne le sont aujourd'hui que ces nababs américains, riches en argent, pas en terres qui ne rapportent que bien peu, comme les Anglais, ou en rentes à petit taux d'intérêt, comme mes pauvres compatriotes. Il a passé quelque temps avec nous à la campagne, et aussi à Paris dans mes pauvres appartements, mais nous ne lui avons rien donné de pareil à ceci.

Je commence à regretter ma colère à la vue du quai, ma contrariété à être bousculé dans la voiture qui m'a emmené, mon étonnement foudroyant en apprenant le prix du trajet. « Assurément, me dis-je à moi-même, ces désagréments d'un moment ne sont pas un des traits de cette civilisation, mais seulement un accident. »

J'ai demandé qu'on me laisse tranquille aujourd'hui et demain, donc je dîne seul le soir en bas, à une petite table, dans une grande salle à manger. De tous côtés il y a des gens, dans toutes sortes de costumes. A une table il y a deux messieurs : l'un d'eux a une barbiche rousse qui forme presque un angle droit avec son menton ; lui et son ami ont pour leur dîner un bifteck, des glaces et du champagne. A une douzaine de mètres de là, se trouve une partie carrée : deux messieurs et deux dames ; les dames sont décolletées à un point embarrassant et ont des bijoux aux mains, au cou et dans les cheveux. « Quelle exagération ! » me dis-je. Au monsieur à la barbiche agressive, il ne manque que des éperons et un sombrero pour être un habitant des prairies ; quant aux dames, avec un peu de rouge, et en enlevant au bas de leurs jupes autant qu'elles ont enlevé de leurs épaules, on dirait qu'elles viennent de l'ancien Mabille. Mais maintenant je doute de mes impressions, donc je ne veux pas juger des manières, des habitudes et des costumes de New-York d'après ces gens qui peut-être ne sont pas même américains. Quant à moi, mon dîner est des plus excellents, et rien ne doit déranger l'honnête homme qui dîne.

Le lendemain matin, ayant ma journée devant moi, je me souviens du conseil du jeune banquier de Boston. De mon hôtel à Broadway il n'y a pas loin. Au coin de la rue, je me décide à prendre un des cars qui passent à toute vitesse. Ils passent devant moi l'un après l'autre, avec leurs clochettes qui sonnent et des silhouettes qui se balancent dans l'intérieur. C'est en vain que je fais signe de la main. Comme je suis en train de me demander s'il n'y a que des trains express, un aimable passant me touche le bras en me disant : « Vous êtes au mauvais coin, mon ami, ils ne s'arrêtent qu'à l'autre coin, et si vous ne voulez pas vous démonter les bras, vous ferez mieux de monter sur l'animal là où il a l'intention de s'arrêter. » Je me retourne pour exprimer mes remerciements, mais mon passant s'éloigne de deux ou trois pas, saute dans un car qu'il accroche au passage, et s'évanouit au loin en m'indiquant par ses gestes qu'il me faut aller à l'autre coin.

Il avait raison. Je fais quelques pas, et le premier car qui arrive s'arrête devant moi en grondant et en grinçant ; j'ai appris depuis que ce bruit est causé par un câble sans fin posé sous le pavé ; c'est la force motrice de ces caravanes rapides et retentissantes. Mon car à moi est plein dedans comme dehors. Chaque fois qu'il s'arrête, on est jeté en avant, puis en arrière. Les gens en train de s'asseoir quand le car se remet en route posent leur postérieur à une place tout autre de celle qu'ils voulaient, et assez souvent à un endroit déjà occupé par un autre. Le conducteur et les passagers vont et viennent sur vos pieds et vous écrasent les jambes ; des femmes, à l'autre bout du car, font signe en vain au conducteur d'arrêter, et finalement, en jouant des coudes, elles arrivent à la porte, après s'être cognées sur d'autres voyageurs et avoir été jetées de temps en temps dans les bras de ceux qui sont assis, quand le car s'arrête ou repart tout à coup.

Pas bien loin de mon point de départ, le conducteur crie quelque chose dans le car, et tout à coup nous tournons un coin avec une rapidité prodigieuse ; une dame qui se tenait devant moi à une des courroies qui pendent à cet effet est brusquement retournée en tenant toujours la courroie ; elle écrase sur la figure de son voisin le journal qu'il lisait, et du même coup elle lui enfonce le chapeau, tandis que deux hommes qui se tenaient debout à la porte sont lancés dans le car comme par une fronde, et se trouvent arrêtés court par ceux qui se tiennent au milieu suspendus aux courroies.

Enfin je trouve une place pour m'asseoir, et le drame qui se joue autour de moi m'intéresse tellement que je reste dans le car jusqu'à Wall Street, et que j'oublie complètement mon intention de lire les enseignes au long de la route.

Ces cars semblent être des gymnases à roues. Je m'explique maintenant l'œil toujours sur le qui-vive et l'air énervé des visages minces et des corps nerveux qui m'entourent. Les hommes comme les femmes doivent avoir constamment l'œil au guet s'ils veulent supporter un pèlerinage ou plutôt une croisade journalière dans ces véhicules. Une seconde d'inattention, un moment sans se cramponner à la courroie qui se balance au haut du car, et vous voilà précipité sur le dos, la poitrine ou le ventre de quelqu'un, où vous êtes allongé de toute votre longueur sur les genoux de deux ou trois des voyageurs assis sur les banquettes. En réalité on se fait bien rarement mal, mais on reçoit une série toujours renaissante de chocs à sa dignité comme aussi à son système nerveux. La chose la plus remarquable, c'est que personne ne semble fâché ni même ennuyé de ces bousculades involontaires qui arrivent à tout instant.

Ces cars sont la propriété de compagnies qui promettent une grande facilité de transport à bon marché en paiement de la permission, de grande valeur pour eux, de se servir des rues principales de la ville. Elles s'en acquittent avec le pêle-mêle décrit ci-dessus.

En France, si on persistait à violer ainsi les droits des gens à leur dignité et confort personnels, cela amènerait une révolution ; à Londres, une seule journée de ce genre de choses remplirait de protestations indignées les journaux du lendemain, et au bout d'une semaine l'affaire serait entre les mains de la police.

Mais dans cette étrange république, ces gens aimables sont les esclaves de toutes les formes imaginables de tripotage politique et financier, et personne ne proteste. C'est peut-être le pays de la liberté, mais ce n'est certainement pas le pays des hommes libres. Le confort personnel, la solitude quand on la désire, le droit d'aller et venir et de vivre comme on veut sans exciter les remarques et même sans se voir mentionné dans les journaux, tout cela est aussi impossible ici qu'en Russie ou en Arménie. Chacun est tellement occupé de ses propres affaires, ou des affaires d'autrui, qu'on n'a ni le temps ni la force de défendre ce que dans tout autre pays civilisé on considère comme les prérogatives personnelles les plus précieuses.

« Pourquoi donc n'y a-t-il personne qui proteste? ai-je demandé à une foule d'Américains. — C'est inutile, me disaient-ils. Celui qui proteste n'est pas populaire ici; il y a trop de gens qui ont intérêt à ce que le peuple soit esclave pour permettre qu'on montre la moindre différence d'opinion. Les journaux écrasent celui qui ose protester sous une avalanche d'insultes et de reproches, ses amis se moquent de lui, et tous ceux qui le connaissent donnent clairement à entendre qu'il a un caractère irritable et emporté. On lui dit qu'il ferait mieux d'aller habiter une des monarchies épuisées de l'Europe, où on fait les choses beaucoup mieux. » Le résultat de tout cela, c'est que, tandis que l'Europe envoie ici ses gibiers de potence, ses pauvres et ses incapables, et que les chacals du commerce de toutes nations arrivent en foule pour enlever aux Américains

le gain qui leur revient de droit, des représentants de trois ou quatre des familles les plus
opulentes, et bien d'autres de moins de renom
social et financier, font chaque année de plus
en plus de longs séjours en Europe, et il y en
a même qui y demeurent tout à fait. On dit que
les Américains dépensent chaque année en
Europe plus de cent millions de dollars, et à
mesure que les années se passent, ils y vont
plus souvent, ils y restent plus longtemps, et ils
dépensent davantage. Si on ne protège pas ici la
fortune, l'intérieur, le confort personnel et la
liberté personnelle, ceux qui veulent posséder
ces choses en toute sécurité iront infailliblement
les chercher ailleurs. Quelle que soit la réputation de finesse et de vive intelligence du Yankee,
il n'a pas encore compris les désavantages qu'il
y a pour le commerce à permettre que sa patrie
soit gouvernée par les gens grossiers à l'extinction et à l'exclusion finales des gens bien élevés.

Voilà donc mes premières impressions qui se
contredisent rudement. Il semble impossible de
réconcilier des expériences comme l'arrivée à
New-York et le trajet sur le tramway avec le
confort élégant et la commodité de l'hôtel. Dans
une partie des expériences, tout est grossier,
rude et déréglé; dans l'autre partie, au contraire,
tout est conduit avec habileté et méthode.

Mais on voit enfin la solution de ce problème de contradictions, et la voici : tout ce qui demande de bons moyens mécaniques, tout ce qui peut se faire à la vapeur, à l'électricité ou au gaz, ou en se servant des forces de la nature, est bien fait, quelquefois même superlativement bien fait; tandis que tout ce qui demande le service personnel, ou l'éducation, la discipline et la politesse de serviteurs, hommes ou femmes, de quelque rang qu'ils soient, tout cela se fait d'une façon mesquine, avec négligence, sans responsabilité et sans avoir l'air de reconnaître un maître.

On oublie encore, et pas seulement l'étranger, mais aussi l'Américain de naissance, qu'il n'y a que cent ans qu'on a eu toutes les peines du monde à décider New-York à prendre part à la ratification et à l'acceptation de la Constitution. Les gens avaient peur de perdre leur indépendance. Ce même esprit règne encore aujourd'hui, et surtout d'une manière remarquable parmi l'élément étranger ignorant qui, ayant échappé à la tyrannie de sa propre incapacité dans sa patrie, prétend exiger ici une liberté personnelle qui n'a pour tout résultat que le dérèglement et la licence.

Ce pays est jeune; le terrain y est abondant et bon marché. On m'assure que l'homme honnête, sobre et travailleur ne devrait pas manquer du nécessaire, ni même de quelque bienêtre. Mais, en dépit de cela, on estime qu'on pourvoit chaque année, entièrement ou en partie, aux besoins de trois millions de personnes; cela coûte à quelqu'un 250,000,000 francs, sans compter encore 250,000,000 francs que ces mêmes personnes auraient pu produire par leur travail. Dans le grand État de New-York seul, on dépense par an 60,000,000 francs pour soutenir les pauvres, les incapables et les délinquants.

Je vais me coucher en pensant que la civilisation par les machines n'a pas un succès assuré. Mais qui sait? Dans ce pays d'anomalies et de contradictions, il se peut que dans une semaine j'aille me coucher avec la conviction que j'ai tort. En tout cas, c'est une expérience intéressante de gouvernement et de vie sociale. Il n'y a pas ici d'esclaves, et, dans le sens européen du mot — excepté dans une demi-douzaine de grands ports de mer — pas de domestiques. Chacun s'efforce d'être son propre maître, et, par conséquent, la plupart doivent être leurs propres domestiques.

Dans l'est du pays, on lutte déjà avec le problème illogique : Comment votre égal au point de vue politique peut-il être votre inférieur au point de vue social ou domestique? Si tous méritent le même confort et le même respect, qui doit cirer les bottes et laver la vaisselle? Le mécontentement mûrit vite dans cette atmosphère, et ce n'est pas étonnant! Pendant chaque lutte politique, chacun porte couronne. Entre les luttes politiques, les couronnes sont suspendues derrière la porte, mais leur vue donne le désir de les porter constamment. Une chaude réception attend le prestidigitateur politique qui promettra de transformer les fendeurs de bois et les porteurs d'eau en têtes couronnées à perpétuité! Malheur à la République quand un tel fripon apparaîtra! On votera probablement contre lui la première fois, mais il reparaîtra inévitablement.

NEW-YORK AU POINT DE VUE SOCIAL

C'est aujourd'hui que mon ami de New-York arrive de Washington. Ses plans sont préparés pour mon amusement pendant les quelques jours suivants. Ils comprennent des déjeuners, des dîners, l'opéra et trois bals. Vraiment, ils vous divertissent au galop, ces braves Américains.

D'abord, je déjeune avec lui à un club dans « Fifth-Avenue ». Il me dit que c'est surtout la jeunesse qui le fréquente, et je rencontre une demi-douzaine de jeunes gens. « C'est maintenant la mode, me dit-il, d'être Américain d'une manière agressive ici. » Pourtant je ne m'en aperçois point à leur conversation. Peut-être tâchent-ils, tout en fumant leur cigarette, d'adapter leur conversation plutôt à mon goût qu'au leur.Ils sont certainement hospitaliers à l'excès, et tout entiers à mon service, et parmi les plus agréables se trouve un beau-frère de Mme R... que je verrai ce soir à l'Opéra, me dit-il. La conversation est celle des oisifs de tous les pays. Je parle à mon ami de ee cosmopolitisine, et il me fait comprendre qu'il n'est qu'apparent, et feint à mon profit, et là-dessus il me décrit quelques personnes plus en détail. L'un est rédacteur d'un journal qui favorise les articles écrits par la noblesse anglaise; ce n'en est pas moins un très bon journal, j'en ai lu depuis plusieurs numéros. Un autre a ses occupations dans une grande banque, dans la partie commerçante de New-York et il n'est venu déjeuner ici qu'à la prière de mon ami. Un autre encore est le fils d'un homme qui, il y a vingt-cinq ans, était un avocat inconnu d'une petite ville de l'Ouest; aujourd'hui, il est procureur confidentiel de plusieurs grands financiers, et son fils est un aimable oisif. Il y en a un qui a épousé la fille de l'une des deux grandes familles de millionnaires, et il dépense l'argent de sa femme avec une prodigalité excentrique. Un autre est le petit-fils d'un tisseur écossais qui a introduit un nouveau procédé pour la fabrication des tapis; c'est maintenant une des plus importantes manufactures de New-York. Un autre est le fils d'un homme de l'Ouest qui a fait des millions par l'invention et l'exploitation d'une machine à couper le blé. Le père d'un autre a découvert un procédé pour recouvrir les pilules, et sa famille monte l'escalier d'or de la prééminence sociale pilule par pilule.

Je ne puis comprendre comment certains critiques américains se moquent de cela, et aiment à montrer le manque d'ancêtres de la vie sociale à New-York. Pour moi, c'est un rêve, un encouragement à l'ambition, un magnifique panorama social doré par les prouesses commerciales d'hommes vigoureux.

Quand nous sortons du club, un de ces jeunes gens désigne du doigt l'autre côté de la rue, et, nous disant adieu, il ajoute qu'il va se faire raser. Cette phrase me saute à l'oreille, et bientôt je comprends. Un grand nombre de ces jeunes gens si corrects et si bien mis se font raser tous les jours par un coiffeur public. Quelques jours plus tard, je vais dans cette même boutique pour me faire couper les cheveux, et je vois plusieurs rangées de gobelets en porcelaine avec les noms de leurs propriétaires en lettres dorées. J'y vois des noms qui me sont déjà connus. De jeunes messieurs entrent, enlèvent leur col et leur cravate, puis le coiffeur leur savonne la figure, les frotte et les rase; ensuite il les essuie avec une serviette, les poudre, et sans se laver davantage eux-mêmes, ces messieurs s'en vont, soit faire la cour, soit embrasser leurs femmes ou leurs enfants, que sais-je? Cela me semble horriblement sale et fort désagréable. On me dit que bien des hommes ne finissent jamais leur toilette chez eux, mais se font raser en ville tous les matins; ils ont la figure touchée, tripotée et poudrée par un nègre, un Allemand ou un Italien, et c'est tout pour la journée.

Le soir, tout en dînant à la table du fils du tisseur, je ne puis m'empêcher de me demander combien de ces messieurs ont été rasés par des Allemands, des Irlandais, des Italiens et ainsi de suite.

Le dîner est très somptueux, avec une profusion de fleurs; — vraiment, on achète, on vend, et on voit ici plus de fleurs que dans aucune autre ville du monde; les roses sont les plus belles que j'aie jamais vues, et coûtent, paraît-il, à de certains moments de l'année, des prix fabuleux.

Après le dîner nous allons à l'Opéra, les dames sont en toilettes de gala. Notre hôtesse porte sur la tête une véritable couronne de diamants, et, bien qu'aucune des autres dames ne porté rien d'aussi remarquable, l'étalage des bijoux est imposant. Mais la couronne attire continuellement mes yeux et les éblouit ainsi que mon intelligence. « Qui est cette dame? Est-elle étrangère? » C'est la question que je pose à mon ami dès que nous sommes seuls. Non, j'apprends qu'elle est loin d'être une aristocratique étrangère. En réalité, il y a à peine dix ans qu'on la connaît, même dans le cercle plus exclusif de New-York. Elle a épousé un homme riche qui s'est encore enrichi dans le commerce, et par une diplomatie naturelle et en n'étant pas trop difficile quant au genre d'admiration qu'elle reçoit, elle s'est élevée jusqu'à sa position actuelle. Elle est certes charmante, et ses affaires ne me regardent pas, mais, d'après les histoires qu'on me raconte de temps en temps, il me semble que ses affaires regardent beaucoup de gens.

Bien que ce pays soit une république, bien que je lise tous les jours dans les journaux des tirades injurieuses contre les manières anglaises, la noblesse anglaise, je me rappelle qu'après l'élection de Washington à la présidence, il y eut immédiatement une longue dispute au nouveau Congrès à propos du titre qu'il devrait porter.

Évidemment, il est de ces républicains vantards qui soupirent encore après les potées de chair des Égyptiens titrés. Chez l'un des grands bijoutiers, il y a une branche spéciale dédiée au blason, où, s'il vous plaît, ces républicains se font faire des armoiries !

A la porte de l'Opéra, en sortant, je vois des vingtaines de domestiques en livrée, quelques-uns la cocarde au chapeau, et, sur les harnais et les portières, je vois, en vérité, des armoiries dont quelques-unes seraient trop grandes, même pour de vraies nobles. Madame Sharp, madame Green, madame White, madame Black, madame Jones, dites-moi, je vous en prie, d'où vous vient le droit d'avoir couronnes et armoiries? Savez-vous seulement ce que signifient ces différents symboles, ces signes, ces figures? Vraiment, j'en doute !

C'est assurément une idée américaine, portée à une certaine puissance, que les pilules, les tapis, les fourrures, les confections, les moissonneuses, les tissus, les médecines brevetées, le thé, le sucre, les cuirs, les actions sur les chemins de fer, confèrent des titres de noblesse à leurs propriétaires ou aux légataires de ces derniers. De quelle autre manière ces gens peuvent-ils y avoir droit? Et pourquoi, oh ! pourquoi les veulent-ils donc ?

Et ils ont aussi des titres, oui, des titres en grand nombre, ces républicains vantards. Au petit déjeuner où j'ai assisté, on appelait un jeune homme « Général », et un autre qui vit de l'argent de sa femme et des idées des autres « Colonel ». Ils n'avaient rien à faire avec l'armée, mais on me donna comme explication, qu'ils avaient fait partie d'un corps quelconque.

Même les journaux sont minutieux dans les titres qu'ils donnent. « L'honorable Patrick Diwer » a fait ceci, « l'ex-Procureur Général un tel » a fait cela ; le « Président Jones » a dit ceci, « l'ex-Secrétaire de l'Intérieur » a dit cela ; « le Colonel J... », et « le Général H... », et « le Gouverneur H... », et « Son Excellence le Gouverneur de M... », et « l'ex-Boss C... », et « le Docteur Y... », — je remarque que tous les pasteurs ont le titre de docteur en théologie — et « le Professeur N... » sont arrivés à tel ou tel hôtel.

Et puis, ces bonnes gens si simples ont d'innombrables sociétés. Il y a les Officiers de la Légion d'Honneur, les Camarades de la Grande Armée, les Fils de la Révolution, les Chevaliers de Pythias, les Filles de la Révolution, les Dames Coloniales, les Sociétés Hollandaises, les Sociétés de la Nouvelle-Angleterre, la Société méridionale, et je ne sais combien d'autres. Puis chacune d'elles a son ruban, son bouton ou sa médaille, et dans aucun pays de l'Europe on n'entend autant de titres, et on ne voit porter autant d'insignes.

Tout cela, c'est de la gentille sottise, et ça ne ferait pas grand mal si c'était franc et ouvert. Mais il n'en est rien. Ces mêmes gens flattent la noblesse étrangère comme personne d'autre au monde. En politique, ils publient bruyamment leur républicanisme; dans la vie sociale, ce sont des parasites, pour ne pas dire des pieds-plats du type le plus prononcé. Je suis français, un de mes ancêtres a été décapité pendant la Révolution, mais je suis républicain. Enfermés dans notre pauvre château à moitié démoli, nous avons des rubans, des croix, des boutons, des épées, gagnés et portés par des hommes qui portaient mon nom quand le grand Louis, qui ne savait pas même signer le sien, donnait à la monarchie le premier de ces coups qui devaient finir par la renverser. Le jeune ami avec qui je viens de déjeuner peut vous raconter tout cela. Mais Dieu me garde de cette fausse aristocratie, de toute cette friperie, de toute cette fatuité de noblesse dans une république!

Quelques-uns des titres donnés à différents officiers de ces organisations dont j'ai parlé plus haut, dépassent même les attributs donnés au Tout-Puissant par un prédicateur nègre à une réunion religieuse. Et voici qui est encore pire.

Nous qui appartenons aux anciennes nations, nous rions quelquefois de la grossièreté et de la gaucherie des manières démocratiques. Mais que dirions-nous de ces gens de l'Est qui rient et se moquent de la simplicité de leurs propres frères qui habitent à l'ouest du Mississipi et des Montagnes Rocheuses? Des hommes de l'Ouest sont venus à New-York pendant que j'y étais, pour établir une banque des Mines occidentales. Les journaux se sont moqués des costumes de leurs femmes et de leurs sœurs, ils ont donné des illustrations exagérées des costumes des hommes, et ils ont ri aux éclats de leurs simples déjeuners, de leurs manières gauches et de leur accent occidental.

Si la presse parisienne traitait de la sorte une bande de touristes de Lyon ou de Marseille, les Français bien élevés seraient muets d'étonnement et de dégoût en ouvrant leurs journaux. Imaginez-vous mettre les femmes et les sœurs de vos compatriotes d'une autre partie du pays au pilori de la caricature des journaux! Ces mêmes rédacteurs offrent leurs colonnes en récompense à ceux qui peuvent les faire entrer, eux et leurs femmes, dans la vie sociale. Ils paient tel et tel pour leurs articles, et en retour ils s'attendent à assister à des dîners, et à pénétrer dans des salons!

J'ai beaucoup entendu parler de la chevalerie américaine envers les femmes; elles peuvent se promener et voyager seules, dit-on. Soyons francs et disons que c'est de la bêtise! Les journaux usent librement des noms de dames, et ils traînent les femmes, les mères et les sœurs dans toutes les controverses politiques, dans tous les contretemps sociaux. Même dans les classes supérieures, dans leurs clubs et leurs salons, on entend des insinuations, des scandales, des allusions et des histoires, la plupart du temps sur des dames de leur cercle, qui provoqueraient chez nous une douzaine de duels par semaine.

La revue la plus honteusement révoltante que j'ai jamais eu le malheur de lire paraît à New-York toutes les semaines. Elle se consacre ouvertement aux choses diffamatoires et licencieuses. Dans presque chaque paragraphe, on trouve le nom de gens bien connus, et on y lance dans le monde les détails les plus brûlants de tous les scandales connus, ou seulement soupçonnés. Nos journaux illustrés français les plus suggestifs, bien que fortement assaisonnés et colorés, sont comme les Évangiles à côté de Rabelais quand on les compare à ce journal; des farces au sujet de linge de dames avec les noms de ces dames tout au long sont un exemple de son obscénité lascive, et cependant, il n'y a personne de tué! Il y a des sociétés pour la protection des enfants et des animaux, pour la prohibition de l'intempérance, pour le soulagement de la misère, pour l'empêchement de la vente de littérature obscène, des sociétés innombrables qui occupent les loisirs des riches et prétendent faire du bien aux pauvres, mais il n'y a ni homme ni femme qui soit assez fort pour empêcher cette débauche hebdomadaire de la morale de ceux qui ont dix sous à dépenser.

Toutes ces contradictions politiques, sociales et morales m'amusent, mais, si je ne me trompe, elles annoncent de tristes résultats dans un avenir peu éloigné pour cette République confiante et souvent arrogante. Je voudrais qu'il n'en fût pas ainsi, et tout Français forme le même souhait. Car on aime quelqu'un toujours contre quelqu'un, et de tous les pays de l'Europe pas un ne serait atteint aussi directement que le nôtre par l'échec des habitudes et des institutions républicaines des États-Unis. Car les pays anti-républicains qui nous entourent, l'Allemagne, l'Angleterre, l'Autriche et l'Italie, feraient une histoire avec une morale pour le profit de la France républicaine, si les institutions républicaines s'effondraient en Amérique.

IV

FONCTIONS PUBLIQUES ET PRIVÉES

Nous allions à l'Opéra, lorsque j'ai oublié l'Opéra en me souvenant d'autres choses. Là, le spectacle est brillant. Sur ce point, comme lorsqu'il s'agit de beaux bâtiments et d'hôtels somptueux, ce pays a rattrapé l'Europe. La musique, la mise en scène et le chant sont au mieux, et l'auditoire, au point de vue des costumes et des bijoux, dépasse peut-être Paris ou Londres; et dépasse aussi de beaucoup la pauvre Rome en faillite, ou même Saint-Pétersbourg. Si les pierres précieuses et les dentelles sont véritablement ce qu'elles paraissent, ces Américains doivent dépenser des fortunes sur leurs femmes.

Mme R... arrive dans sa loge assez tard, mais

enfin on me présente à elle. Elle rit avec bonté en apprenant que le grand désir de ma chère Fifine est que je la lui décrive, et elle me demande d'aller la voir à la campagne, quelque part sur l'Hudson, où elle a son chez elle. Elle espère que si je la décris, je n'ai pas l'intention de publier mon journal. Je réponds que je suis incapable d'écrire un livre, si même je le voulais. Elle me dit que le livre de Bourget n'a pas grande valeur, parce que la plupart de ses impressions semblent avoir été filtrées dans un filtre de Boston et de Newport, avant d'être imprimées. Puis, elle ajoute : « Et, vous savez, Boston n'est plus l'Amérique ! »

Je me promène en bas, et, entre autres choses, je remarque que chaque programme donne une liste numérotée des loges louées pour la saison, et en face des numéros se trouvent les noms des locataires. Comme toutes les loges sont distinctement numérotées sur le plan, il est facile à tous ceux qui ont des programmes de reconnaître les gens dans les loges.

Je comprends de moins en moins ce désir presque universel de s'afficher, de se faire connaître, même à l'Opéra, de faire mettre son nom dans les journaux, de faire publier son portrait. Que ce soit l'abaissement de tous au même niveau dans une démocratie qui donne à chacun le désir de dépasser de la tête la moyenne, ou que ce soit le manque de confiance et de sécurité sociales chez un peuple où les classes ne sont pas clairement définies, de sorte que chacun sent qu'il doit revendiquer ses droits, toujours et partout, je n'en sais rien ; mais quelle que soit la cause de cet amour évident de la publicité, le résultat en est vraiment bien bourgeois.

Dans les civilisations de toutes les époques, c'est le désir de presque tout le monde de mettre sa vie et celle de sa famille à l'abri, et de vivre, au moins une partie du temps, en dehors du bruit du torrent des affaires, de la société et de la politique. On estime bien plus une petite maison loin de la foule qu'une grande maison dans la foule. Enfin, ceux-là seulement vivent continuellement dans la foule qui ne peuvent l'éviter. Mais ici, c'est bien différent. La population des grandes villes augmente énormément tous les ans. Un homme bien connu, qui travaille aux problèmes sociaux de New-York, m'a donné la proportion des habitants de New-York qui demeurent dans les hôtels, les pensions bourgeoises ou les appartements, et on est étonné de leur grand nombre. D'après ces nombres, — je regrette de ne pas les avoir ici à Paris, mais quand j'écrivais quelques notes tous les jours en Amérique, je n'avais pas la moindre intention de m'en servir de cette façon, — je me rappelle que très peu de gens ont des maisons particulières. Même des gens dont les revenus le leur permettraient préfèrent demeurer à l'hôtel que d'avoir une petite maison dans les faubourgs.

C'est un signe certain d'un peuple superficiel et de peu de culture ; car, c'est la marque des gens sans culture que d'être mal à l'aise et mécontents loin de la foule, comme c'est celle d'une meilleure éducation d'être mécontent si on est forcé, par les circonstances, d'y vivre constamment. Cet effort pour se faire remarquer ne se montre pas seulement dans les nombreux portraits et les colonnes de paragraphes personnels dans les journaux, mais aussi dans l'extravagance étonnante des costumes, non seulement dans les endroits publics, mais aussi dans les magasins et dans les rues. Le velours, les fourrures, les dentelles et les bijoux se voient tous les jours dans les rues et dans les cars, le matin, à midi et le soir. Les dames que j'ai vues à l'Opéra, dans tout l'éclat de leurs costumes de gala, se rencontrent dans la rue, — elles, ou leurs sœurs moins connues — dans des costumes qui, s'ils sont moins brillants comme couleur, n'en sont pas moins en étoffes aussi coûteuses que variées.

J'ai eu la chance de voir les rues de Rome, de Paris, de Londres, de Saint-Pétersbourg, d'Amsterdam et de Vienne, mais rien n'y approche de l'étalage de vêtements somptueux que l'on remarque à New-York. Que diraient mes amis français s'ils voyaient une dame aller à l'église, à pied, dans un costume composé entièrement de fourrure, jaquette et jupe; une autre, en velours couvert de dentelle, avec un chapeau de jais garni de plumes roses et blanches? Si j'étais modiste, je pourrais en énumérer bien d'autres, qui semblent, à mes yeux inaccoutumés, habillées d'une manière aussi extravagante et d'aussi mauvais goût.

Tout en faisant remarquer à deux Américains, avec qui je me promenais, la parure fastueuse de tant de femmes dans les rues, je leur demandai à quelle classe elles appartenaient et quel était leur intérieur. Ils me dirent que beaucoup d'entre elles étaient juives, et que la plupart étaient des personnes qui logeaient dans des pensions bourgeoises ou des hôtels, ou qui vivaient assez simplement chez elles, n'ayant qu'une ou deux servantes, trois tout au plus. Le seul amusement social de la plupart d'entre elles, c'est de se promener ainsi dans la ville, d'aller au théâtre ou d'envahir les magasins.

La classe moyenne ici est très nombreuse;

les hommes qui en font partie sont occupés du matin au soir et éreintés quand ils rentrent chez eux. Ils ont peu d'expérience sociale, de sorte que les devoirs sociaux les plus élémentaires les ennuient; il en résulte que les femmes dépendent entièrement d'elles-mêmes pour leurs amusements, et elles les choisissent dans leurs formes les plus barbares. Dans une certaine classe, on donne constamment des dîners, mais ce n'est pour ainsi dire que dans cette classe-là. Ce genre d'hospitalité si commun, même dans les petites villes de province en Angleterre, et en France parmi notre nombreuse classe moyenne, se réduit ici à bien peu de chose. Cela est dû au manque de connaissance de la grande majorité dans ce genre de choses, et aussi à la rareté et aux gages étonnamment élevés des domestiques bien, ou même mal dressés.

On pourrait habiter Londres ou Paris pendant bien longtemps avant de voir un invité à une noce de midi dans des habits de soirée — à moins qu'il ne soit, par exemple, un fonctionnaire français dans l'exercice de ses fonctions, comme le Président de la République aux courses —; ici, j'ai vu cette gaucherie sociale à une noce. Cette ignorance existe grandement à l'état latent, mais elle se manifeste rarement, parce que ses victimes ont grand soin de ne pas se montrer là où elles se savent sur un terrain dangereux.

Ce manque d'éducation et d'expérience sociales rend les formes les plus simples des relations sociales comparativement rares, rares à un point qui m'a étonné; pourtant, l'aptitude sociale ne manque pas, car je défie l'Europe de montrer de plus charmantes hôtesses qu'une demi-douzaine de femmes que je pourrais nommer, qui, me dit-on, n'avaient été nulle part, n'avaient vu personne et n'avaient rien possédé, jusqu'à ce que tout à coup un mariage, ou le « ticker » de Wall Street, ou de l'huile, ou une mine, leur jetât l'argent à pleines mains.

Des milliers de familles, même dans les grandes villes d'Amérique, qui ont des revenus grandement suffisants, ne portent jamais de toilettes de soirée, n'ont jamais de vin à leur table, ne servent jamais leur dîner à la russe quand ils sont seuls, et ne songent jamais à avoir du monde à dîner sans s'adresser à un restaurant pour les domestiques, les plats et le menu. Voilà qui rend la vie assez aride pour les femmes.

Mais ce qui me semble le plus triste, et ce que j'ai remarqué dans différentes parties de la vie américaine, c'est l'absence de l'idée démocratique. Ces gens ne veulent pas être eux-mêmes; ils ne veulent pas dîner en ville, donner un dîner, recevoir du monde, ou aller dans le monde d'une manière qui convienne à leurs modestes moyens. Ils vivent mesquinement afin de s'habiller d'une façon extravagante pour sortir, et de temps en temps, ils reçoivent d'une façon qui n'est pas le moins du monde en rapport avec leur vie journalière. Je connais des centaines de ménages en France, et une vingtaine ou plus en Angleterre et en Italie — ah! comme on m'a souvent dit, et même reproché, que nous n'avions pas de mot pour « home » en français jusqu'à ce que j'aie même été tenté de répondre : « Non, nous n'avons pas ce mot, ni Dieu merci, la chose qu'ici, dans bien des cas, l'on nomme ainsi ! » — où on rentre chez soi tous les soirs pour s'attabler à un gentil petit dîner, tout à fait présentable si un ou deux amis faisaient leur apparition, et où les propriétaires possèdent moins de 3o,ooo francs par an. J'ose affirmer qu'ici on ne trouverait pas un tel nombre de ces ménages parmi les gens qui ont les mêmes moyens.

D'un autre côté, le nombre de ces prétendus dîners publics, où de vingt-cinq à cinq cents hommes se réunissent pour dîner ensemble et pour écouter ensuite des discours tout en fumant et en buvant, est plus grand ici que partout ailleurs. Les Irlandais dînent ensemble ; les

Allemands dînent; les Anglais dînent; les Scandinaves dînent; les hommes de chaque État et Territoire de l'Union qui habitent New-York dînent ensemble; les gradués des différents collèges dînent; les banquiers, les courtiers, les bijoutiers, les commis-voyageurs, les journalistes, les clubs athlétiques, les Fils de la Révolution, les Pères de la Rébellion, et même les pasteurs se réunissent dans ces dîners publics.

Ce genre d'amusement est une institution américaine. Il est produit par deux conditions: premièrement, la stérilité de la plus grande partie de la vie sociale domestique; deuxièmement, la volubilité étonnante et admirable du peuple américain.

Grâce à l'amabilité de mon ami le rédacteur, j'ai lu et entendu des discours; pendant mon séjour en Amérique, j'ai dévoré les revues et les journaux américains. Quand on entend ces discours — il importe peu qui les prononce, car à peu près tous parlent bien — on est un peu jaloux d'une race que les dieux semblent avoir douée d'un don aussi rare; mais quand on les lit, on est plutôt triste que jaloux. Les neuf dixièmes de ces discours ne sont que comme l'airain qui résonne. Ils sont destinés aux oreilles — aux longues oreilles — et non à l'intelligence. Si un homme d'état français servait à ses partisans le style oratoire qui évidemment suffit ici, on se moquerait de lui dans tous les journaux de la France; et en Angleterre il serait tranquillement déposé à la demande de son propre parti.

On comprend enfin pourquoi il y a ici tant de discours quand on les analyse, car la plupart d'entre eux sont de simples exercices verbaux, de simples bouffées de verbosité. Ce n'est pas que je veuille donner ou laisser l'impression qu'il n'y a pas de bons orateurs, ni de bons discours en Amérique. Cela serait entièrement faux; quand on a joui de l'amitié de M. James Russell Lowell, et qu'on l'a entendu parler en public et en particulier, on ne peut pas dire cela. J'ai aussi entendu M. Evarts à Paris, et à New-York j'ai entendu M. Joseph Choate et le Président de l'Université de Harvard; tous ces hommes-là sont au rang des meilleurs orateurs de n'importe quel pays, on pourrait même presque dire de n'importe quelle époque. Mais une grande partie des discours que l'on entend ici appartiennent à une même classe. Comme la vie mesquine chez soi, et de temps en temps l'étalage disproportionné au dehors; comme la mesquinerie de son entourage personnel, et l'extravagance exagérée des costumes en public, de même beaucoup de ces orateurs ne font que prétendre être ce qu'ils veulent paraître, plutôt que de montrer modestement ce qu'ils sont ou ce qu'ils savent. Il y a de la démagogie dans la toilette, dans les manières et dans le langage aussi bien que dans la politique, et c'est ici, hélas! dans cette république qu'on la trouve sous ses aspects les plus désagréables.

Personne ne voudrait amoindrir les justes droits qu'ont à un langage brillant et soutenu Webster, Clay, Calhoun, Rufus, Choate, Edward Everett, Wendell Phillips, Beecher, Storrs, Phillips Brooks, et bien d'autres. Je ne nie pas qu'il y ait eu et qu'il y ait encore de grands orateurs dans ce pays. Mais, grâce au système des écoles publiques, aucun pays n'a, ou n'a eu, tant de culture superficielle et sans discernement sur une aussi énorme surface géographique. Cet état de choses intellectuelles fait de l'Amérique un vrai pays de Cocagne pour le charlatan, le démagogue, et toutes les autres formes que puisse prendre la verbosité.

Les esprits qui en savent juste assez pour s'amuser avec des épigrammes pompeuses sont facilement attirés et entraînés par la première bouffée de paroles. On est donc fort tenté d'être ce qu'on appelle un orateur, et par conséquent les orateurs abondent. C'est une des récoltes de ce pays, comme le blé et le coton! C'est à peine s'il se passe une campagne politique sans qu'on

voie apparaître des « Femmes Orateurs », des
« Garçons Prédicateurs », des « Garçons Évan-
gélistes », et une masse d'autres variétés d'orateurs de qui on pourrait vraiment dire que le
silence est d'or. Quelle que soit la branche dans
laquelle un homme a du succès, il faut qu'il
parle en public, et parce qu'il connaît un certain
sujet, on lui demande des discours sur toutes
sortes de sujets qui n'ont absolument rien à faire
avec sa spécialité. L'occasion de s'afficher est
considérée comme la plus belle récompense
qu'une démocratie reconnaissante puisse offrir
pour les grands services qui lui sont rendus.

V

CONTRASTES SOCIAUX

Hier soir, nous avons dîné chez le représentant de l'une des plus riches familles, peut-être même de la plus riche, de cette république ; — c'est une femme, une veuve, qui est notre hôtesse. Il y avait environ une vingtaine de personnes ; l'argenterie, la porcelaine, les verres, le linge étaient des plus magnifiques que j'aie jamais vus à une table particulière. Il y avait là des gens que j'avais rencontrés ailleurs, et, de plus, deux Anglais titrés, dont l'un eut l'honneur de conduire notre hôtesse à table, malgré la présence d'un Américain distingué, membre de l'une des dernières administrations.

Mais je commence à voir que « *Yankee Doodle comes to town a-riding on his pony* » principalement dans les journaux, certainement pas dans les salons américains.

Le dîner ne fut pas long, mais toutes les saisons ainsi que tous les points cardinaux avaient contribué à en composer le menu.

On me dit que New-York est le plus grand marché du monde, et il suffit de dîner en ville ou d'examiner les menus des meilleurs restaurants pour le croire. Ce n'est qu'ici qu'on peut trouver en toutes saisons une telle variété de gibier, de poisson, de fruits, de légumes frais et de mollusques.

On me donna pour cavalière la belle dame à la couronne. De l'autre côté, j'avais pour voisine une dame aux manières languissantes qui amena la conversation sur les livres pour me confesser qu'elle était auteur. Malheureusement pour moi, j'ai oublié son nom de guerre et les titres de ses livres. Parmi les autres personnes qui attirèrent mon attention, il y avait un pasteur qui se trouva être anglais, bien qu'à la tête d'une église importante ici; je remarquai aussi la femme d'un propriétaire de mines de l'Ouest, d'une fortune fabuleuse, et, me dit-on, de l'origine la plus humble; puis deux autres, la femme et la fille d'un habitant de Chicago, qui, ayant fait fortune derrière plusieurs centaines de mètres de comptoirs de nouveautés, en fait profiter ces dames.

Mais, disons-le, à moins d'être renseigné par leurs amis, nul n'aurait eu le moindre soupçon de ces choses-là, à la vue de ces personnes, — à moins que ce ne fût à propos de la dame de Chicago. — Les hommes ne débouclent pas leurs revolvers pour les poser sur la table, et les femmes ne mangent pas avec leurs couteaux; au contraire, toute l'affaire a un air recueilli, comme si ceux qui participent à ces fonctions étaient frappés de respect par leur grandeur et leur solennité.

Mais cela même disparaît au bal où nous allons plus tard.

Dans un endroit public, à moitié hall, à moitié restaurant, mais admirablement décoré et orné de plantes et de fleurs, nous avons dansé — ou plutôt on a dansé — car j'ai bientôt découvert que les mystères de la danse américaine m'étaient inconnus. Elle est différente de la nôtre, et aussi de la danse anglaise et de l'allemande, et je dois admettre qu'elle est plus gracieuse, bien que vers le matin il y ait eu pas mal de bousculades.

Les comparaisons entre nations sont toujours assez dangereuses, donc je ne dirai pas qu'à ces réunions on boit plus ou moins qu'en France ou en Angleterre, mais on boit certainement beaucoup, même les femmes, et surtout du champagne très froid. C'est le vin sec, brillant et mousseux qui ressemble au climat. Puissent-ils continuer à l'aimer, et puisse le phylloxera nous épargner afin que nous puissions le faire pour eux!

Je souhaite le bonsoir à mon hôtesse, ainsi qu'à plusieurs autres hôtesses qui, paraît-il, sont les hôtesses officielles du bal, et je retourne chez mon ami. Demain, je vais avec lui à la maison de campagne de son père, et de là nous allons passer le dimanche à un grand club de campagne qu'il m'a décrit et que je verrai bientôt de mes propres yeux.

Nous passons l'après-midi et la nuit de vendredi à la maison de campagne du père de mon ami. La campagne autour de nous est belle et sauvage, et c'est la première demeure réellement tranquille et bien réglée que j'aie vue jusqu'ici loin de la foule. Voilà encore une contradiction de mes impressions, car la maison et toutes ses dépendances, les routes et la tranquillité des bois montrent le choix d'un esprit cultivé. Tout cela est un millier d'années en avance du quai, des tramways et des dames grandiosement habillées de New-York.

Le lendemain nous allons passer le dimanche à un club qui se trouve être unique dans mes expériences de voyageur. Imaginez-vous plusieurs milliers d'hectares de bois magnifiques, avec une chaîne de lacs de cristal qui les traverse, et des routes admirablement entretenues autour des lacs et à travers les bois ; les versants des collines sont parsemés, ici et là, dans cet immense enclos, de maisonnettes, de villas, de châteaux et d'habitations coloniales appartenant aux membres du club ; puis, au milieu de tout cela, l'hôtel du club, grand et bien meublé.

L'instigateur de cette grande entreprise sociale est un Américain qui a fait fortune. On y pêche, on va en bateau, et on a des sports de tout genre, été comme hiver. Il y a environ soixante-dix maisons qui appartiennent à différentes personnes ; on achète le terrain pour bâtir à la corporation du club dont celui qui l'a projeté est le président permanent. C'est le club qui s'occupe de la police, de l'éclairage et, en général, de tout ce qui regarde ce grand parc. Nous nous installons confortablement à l'hôtel, où il y a des chambres pour les invités ; puis mon ami commande des chevaux par téléphone, et avec deux autres messieurs nous allons faire une promenade en voiture sur les routes larges et unies. Ces routes sont les meilleures que j'aie vues en Amérique ; elles valent celles que Napoléon nous a construites, et qui sont les meilleures du monde.

Pendant notre promenade, je raconte à mes amis qu'une fois, dans le Parc Central de New-York, j'ai vu, assis derrière deux dames dans une petite voiture, un groom qui non seulement mâchait du tabac, mais encore en lançait le jus sur la route derrière lui. « Maintenant, leur dis-je, si je racontais cet incident on dirait que j'exagère et que je veux dénigrer le pays! — Ah! me répondirent-ils, en racontant cela vous donneriez l'impression que c'est un fait typique, tandis qu'en réalité aucun de nous n'a jamais rien vu de la sorte. »

Cependant, je ne puis m'empêcher de penser à cet incident comme à une illustration de ce que je vois et de ce que j'entends de tous côtés dans ce pays. C'est le pays enchanté des contrastes. A un moment on vous cahote dans des rues pleines d'ornières et de trous, un moment après on vous conduit dans l'hôtel le plus somptueux qui existe dans le monde entier; le matin, vous passez une demi-heure dans une chambre de torture, mue par une chaîne interminable et remplie d'êtres humains qui tombent de tous côtés; le soir, vous dînez dans l'or et vous buvez dans le cristal; en marchant dans les rues, vous êtes accosté par un mortel aux joues creuses qui frissonne dans ses haillons et qui vous dit qu'il n'a rien à manger; un moment après, vous êtes dans un palais et hors d'un grand nombre de loges se penchent des femmes qui portent sur les bras, les épaules et les cheveux, de quoi procurer des milliers de bons dîners. Vous vous promenez confortablement en voiture sur des routes bien entretenues, dans un parc magnifique, et le groom de la dame, mise à la dernière mode, qui se promène devant vous, lance du jus de tabac sous le nez de vos chevaux.

Il y a des milliers d'hommes et de femmes sans travail et sans argent à New-York, et pourtant le problème des domestiques bien dressés est si difficile à résoudre que beaucoup de gens, me dit-on, l'ont abandonné, et, en désespoir de cause, sont allés chercher refuge dans les hôtels et les appartements.

Lisez les chiffres qui suivent, mes compatriotes économes, et soyez contents de rester chez vous. Une bonne cuisinière se paie de 100 à 175 francs par mois, et, dans de très grandes maisons, bien davantage, et, de plus, elle a naturellement son logement et sa nourriture. Les filles de service, les blanchisseuses, les femmes de chambre reçoivent de 75 à 125 francs; les cochers, de 200 au chiffre énorme de 375 francs; les palefreniers et les jardiniers, de 125 à 250 francs, et un domestique d'intérieur — et il y en a comparativement peu — de 125 à

25o francs et même plus par mois. Pour ces gages, vous ne recevez généralement qu'un service mécanique, impersonnel et sans intérêt — du moins, c'est ce que les Américains eux-mêmes me disent, car naturellement mon expérience de ces choses est sans valeur; pourtant, dans une grande maison de Newport, où il y avait au moins dix domestiques, mes habits n'ont jamais été brossés ni pliés et mes souliers vernis m'ont été rapportés le lendemain matin bien cirés au lieu d'être polis.

Les femmes ainsi que les hommes cherchent en foule des positions où elles gagnent moins que de bons domestiques. Les garde-malades des hôpitaux de l'État, par exemple, ne reçoivent pas d'aussi hauts salaires que les femmes de bonnes maisons — il ne faut pas les confondre avec les garde-malades particulières qui, elles, demandent des salaires exorbitants; les milliers de demoiselles de magasin et de filles de fabrique travaillent plus longtemps, doivent se loger et se nourrir et pourtant reçoivent de plus petits salaires.

On entend des plaintes en Angleterre et en France, et même en Italie — plus spécialement parmi les étrangers qui y passent l'hiver — sur ce même sujet, mais dans ces pays-là c'est un problème accidentel; ici, c'est un agent permanent et vexatoire qui embrouille et rend difficiles tous les efforts pour obtenir une vie domestique paisible et bien ordonnée.

Après tout, quel est le résultat de ces salaires élevés? Les domestiques font-ils assez d'économies pour se retirer bientôt et mener une vie indépendante? Pas du tout! Ils épargnent moins, me dit-on, qu'en France et en Angleterre. En général, ils envoient de fortes sommes à leurs parents qui sont à l'étranger, ils dépensent plus en toilettes et amusements, et ce n'est que bien plus rarement qu'ils deviennent propriétaires d'une auberge, d'un hôtel ou d'une ferme.

Des centaines de domestiques de classe supérieure, que les salaires élevés attirent ici, découvrent bientôt que de plus grandes dépenses accompagnent les plus hauts gages, et qu'au bout du compte les résultats sont les mêmes; et ils retournent chez eux. Il n'y a pas ici autant de maisons responsables et bien réglées demandant des domestiques bien dressés, et il y a moins de maîtres et de maîtresses habitués aux soins et à la responsabilité qu'entraînent les domestiques.

Ce n'est qu'au Sud qu'on a eu des domestiques pendant deux siècles. Dans chaque maison que j'ai visitée, j'ai pris la peine de demander à mon hôte s'il avait des domestiques d'intérieur ou d'extérieur qui fussent les enfants d'anciens serviteurs de sa famille et jamais je n'aï reçu de réponse affirmative.

Je me rappelle que lorsqu'on a proposé de donner un uniforme aux balayeurs de rues de New-York, il y a eu toute une série de sarcasmes, de railleries et de moqueries. Et cela dans une république ! Cela dans un pays où au moins on supposerait que toutes les formes du travail honnête seraient honorées, ou enfin respectées. Ne le croyez pas, vous, les travailleurs d'autres pays qui lancez des regards d'envie vers ce pays de la liberté. Il n'est pas une monarchie ni un empire en Europe qui exagère plus la valeur du succès, spécialement du succès financier, et qui dégrade plus le pénible travail vulgaire que ne le font les gens de cette nation.

En Angleterre, la Reine paie son billet dans tous ses voyages ; en France, le Président de la République fait de même ; et il n'y a qu'un nombre limité d'hommes qui voyagent pour rien, et ceux-là sont, à strictement parler, des fonctionnaires. Mais ici il y a des centaines d'hommes riches qui, ayant à faire avec les chemins de fer, les bateaux à vapeur, les compagnies des colis postaux et des télégraphes, ont des laissez-passer et voyagent pour rien ; ils envoient leurs paquets et leurs télégrammes pour rien, et ils ont des privilèges que pas un des souverains de l'Europe ne songerait à demander.

Les riches taxent les pauvres par une législation spéciale et par une espèce de franc-maçonnerie entre eux, comme dans mon pays les puissants taxaient les pauvres autrefois par la force des armes. Voici une des raisons de la difficulté qu'il y a à se procurer le service personnel de tout genre : c'est que le service personnel et le travail manuel, bien que soigneusement applaudis en politique, sont universellement dépréciés dans la société. Ces gens reçoivent ici des salaires plus élevés, mais ils n'épargnent pas plus; on leur montre beaucoup moins de considération, et ils ont moins d'amusements et de confort; et quelle est, s'il vous plaît, la valeur finale des gages — « gages plus élevés », comme ces mots m'ont souvent frappé les oreilles ! au fait, presque aussi souvent que la déclaration que nous n'avons pas le mot « home » en français — s'ils ne procurent pas plus de considération, plus de confort, et plus de loisir? L'argent n'a pas autant de valeur que l'eau dans un désert. Les gages élevés sont inutiles s'ils ne peuvent pas acheter la considération, les amusements rationnels et une petite rente pour la vieillesse. Pour les membres de la classe ouvrière, ce pays semble être, au point de vue social, une sorte de désert où ils ont soif de ce verre d'eau froide qu'ils avaient chez eux dans une vie bien plus heureuse quoique apparemment moins prospère. « Mais, voyez-vous, monsieur, me dit un palefrenier anglais, un dollar n'achète ici que ce qu'un schelling achète chez nous, Monsieur, et les maîtres ne s'intéressent pas à nos amusements comme chez nous ! »

VI

ÉVIDENCE CONTRADICTOIRE

Les deux jours que j'ai passés dans le grand parc à la campagne ont été des plus agréables. A cette époque de l'année, beaucoup de gens de New-York vont y passer le samedi et le dimanche.

A New-York, on ne peut pas « aller se faire raser » le dimanche après une heure, et tous les magasins, ainsi que les restaurants, les cafés et les cabarets, sont fermés d'après la loi, quant à la vente des boissons. Mais à une heure de voiture de New-York, dans presque toutes les directions, il y a de nombreux clubs de campagne, qui, pendant les dernières années, sont devenus très populaires, et où l'on peut se livrer à cœur joie aux sports en plein air. J'ai aussi vu à Newport des gens qui jouaient au tennis et au golf le dimanche. Mais un pauvre homme ne peut pas conduire sa femme et ses enfants dans un jardin public où on vend des rafraîchissements, ou les emmener, soit à pied, soit en voiture, souper à la campagne et prendre un verre de bière ou de vin.

Quand notre Sarah Bernhardt était ici, on discuta longtemps pour savoir s'il était convenable de la recevoir chez soi, et les dames qui donnèrent des soirées en son honneur annoncèrent que les femmes non mariées n'y seraient pas invitées! On laissa passer cette calomnie de la réputation des femmes mariées sans rire ni même sourire, et pourtant ces Américains parlent souvent de leur talent national pour comprendre et faire des farces.

La pauvre Yvette Guilbert fut mise gratuitement aux annonces pour avoir paru une ou deux fois dans un salon privé devant quelques membres d'élite du beau monde de New-York. Et pourtant les journaux qui l'attaquèrent, elle et les dames qui allèrent l'entendre, publient des éditions du dimanche remplies d'illustrations et de paragraphes sur les criminels de toutes les classes.

Quand la statue de *l'Esclave grecque* fut exposée à Cincinnati, on y envoya une délégation de pasteurs, afin qu'ils puissent dire à leurs concitoyens moins éclairés s'il était convenable de l'aller voir.

Une statue de Diane sans draperies sur le haut de Madison Square Garden à New-York fut bien critiquée sur son manque de décence; et pourtant, à plusieurs bals publics — je suis resté à l'un d'eux pendant une heure ou deux — les femmes se montrent dans des costumes et se conduisent d'une manière qui rendit mes souvenirs de jeunesse de Mabille sombres et insipides.

Autant que j'en puis juger, il m'a semblé que l'immoralité, parmi la haute classe est ici en grande partie plutôt morale que physique. Les rapports entre les hommes et les femmes sont très libres d'après ce qu'il m'a semblé; mais le plus mauvais trait de ces rapports, c'est le nombre de racontars et de calomnies que les gens font circuler eux-mêmes l'un sur l'autre. Dans toutes les classes on trouve une certaine hypocrisie inconsciente. Comme exemple on peut citer l'allusion que l'on fait constamment — au profit des classes pauvres, je suppose — à l'énorme somme que coûtent les armées permanentes de France, d'Allemagne et d'Italie, et à la perte immense que cause à l'agriculture et au commerce le service militaire obligatoire. Mais à côté de la somme que l'armée coûte à la

France, mettez les sommes suivantes, mes amis français :

En 1880, les États-Unis ont payé à 250,802 pensionnés la somme de 1,331,013,500 francs.

En 1885, les États-Unis ont payé à 345,125 pensionnés la somme de 1,642,342,675 francs.

En 1890, les États-Unis ont payé à 537,944 pensionnés la somme de 2,712,347, 250 francs.

En 1895, les États-Unis ont payé à 970,524 pensionnés la somme de 3,495,183,425 francs.

Dans cette population totale de soixante-sept millions, un million de personnes, moins à peine trente mille, reçoivent des pensions, et ces pensions coûtent chaque année au trésor national 3,495,183,425 francs. Si on déduit les nègres et les étrangers qui sont établis ici depuis la guerre de Sécession, et qui naturellement ne reçoivent pas de pensions, il est facile de voir que sur quarante-cinq ou cinquante habitants il y en a un qui reçoit un don de l'État. Cette somme dépensée en pensions chaque année est presque égale à la moitié de la valeur totale de l'exportation des États-Unis au Royaume-Uni de Grande-Bretagne en une année, et la Grande-Bretagne est de beaucoup leur client le plus important; et cette somme est de plus d'un huitième de la somme totale de l'exportation annuelle. C'est un exemple colossal d'extravagance politique, qui dépasse tout ce qu'on a jamais pu s'imaginer de la sorte dans l'histoire des nations jusqu'à nos jours.

Pendant que le parti démocratique vole la ville de New-York, que le parti républicain vole l'État de New-York, et que quelques-uns des pensionnés, nommés plus haut, volent les États-Unis, les gens de Cincinnati essaient de décider s'ils sont assez bons pour aller voir l'Esclave Grecque, et les habitants de New-York rougissent de honte à la vue de Sarah Bernhardt dans les salons respectables. Et voilà le peuple qui nous a donné Marck Twain, Artemus Ward et Oliver Wendell Holmes ! Qu'est donc devenu le sens national du comique ?

La nation, comme une grande partie des individus qui la composent, s'est enrichie avec une rapidité étonnante, mais on ne sait pas comment soigner son argent, ni comment s'en servir. L'économie, la pierre de touche de tous les arts de la civilisation, est ici chose inconnue.

Un éditeur américain distingué m'a dit : « Ce ne sont pas les pauvres que je plains à New-York, ni la classe ouvrière, ni les gens qui ont des revenus peu élevés ; mais je plains ceux qui ont des revenus de vingt à trente-cinq mille francs par an. » Il paraît qu'ils ne peuvent trouver une place dans cette grande ville. Les loyers sont trop chers, les gages des domestiques sont trop élevés, le chauffage, la nourriture et les vêtements sont trop chers pour qu'ils puissent vivre avec l'entourage et le confort que leurs revenus devraient leur procurer. Ils ont certains devoirs sociaux à remplir, et on fait appel à leur intelligence et à leur charité, choses qu'on ne demande jamais des pauvres, et il en résulte qu'ils ont de la peine à joindre les deux bouts.

Cela n'arrive pas à Paris, et certainement pas à Berlin, ni à Bruxelles, ni à Rome, ni à Amsterdam, et je doute que cela arrive à Londres. C'est, assurément, un commentaire assez curieux sur une démocratie, que dans sa plus grande ville, rien que les habitants des deux extrêmes, les cités ouvrières et les palais, puissent vivre dans une sécurité financière confortable.

C'est un pays d'extrêmes et de contrastes, je crois que pas un voyageur ne dirait le contraire. Tout ce qu'on entreprend ici est exagéré. A Paris on voit beaucoup de femmes qui ne portent pas de jupes pour aller en bicyclette. Ici, dans le parti aristocratique de New-York et dans les parcs, à Newport, à Saratoga et autres, on voit des femmes qui portent des jupes, mais assez courtes pour qu'on les remarque beaucoup plus que si elles n'en portaient pas du tout. C'est exactement la même différence que l'on remarque entre les jambes nues d'une pêcheuse italienne ou d'une lavandière suisse, et les jambes aux bas noirs et aux jarretières du vaudeville ou des affiches lubriques. Tout cela n'est pas objectif, mais subjectif. C'est une question d'imagination. Ce n'est pas ce qui se voit, mais ce qui s'insinue qui fait le plus grand tort à la décence.

C'est peut-être le climat, qui est très excitant, ou la richesse récemment acquise, ou le désir de dépasser les autres, mais, qu'elle qu'en soit la cause, on a une tendance à porter à l'extrême toutes les coutumes que l'on adopte. Les dames et les messieurs que l'on voit aux différents séjours d'été, plaisent beaucoup à l'œil, mais les vêtements trop masculins des femmes et les costumes trop féminins de quelques hommes ôtent, en quelque sorte, à cette scène son naturel. On croirait plutôt voir des gens prenant les différents rôles d'une pièce jouée en plein air.

Ce qui n'empêche que les hommes sont de bons sportsmen. Dans cette république, on tire probablement plus de bons coups de carabine, de fusil et de revolver que dans tout autre pays du monde. Des chevaux américains ont remporté le prix aux meilleures courses de France et d'Angleterre. Au jeu de paume, spécial à la France et à l'Angleterre, un Américain est *facile princeps*, et dans les courses et les régates ils ont donné, tout dernièrement, une nouvelle preuve de leur supériorité. Ce sont des Américains qui sont au premier rang pour le saut en hauteur et en longueur, pour les courses de haies, les courses d'un demi-mille et d'un mille, et aussi, je crois, pour la bicyclette et le patinage. Personne ne leur tient pied dans tous les sports en plein air, à moins que ce ne soient les Anglais, mais cela même est nié ici vigoureusement.

Mais, même dans leurs sports, il semble que c'est moins l'amour du sport que l'amour de la distinction et de l'étalage qui fasse agir la majorité. On joue moins pour obtenir un rafraîchissement mental et physique que pour l'excitation de dépasser quelqu'un d'autre.

J'ai déjà bien souvent remarqué qu'il est rare de trouver, même à la campagne, des gens qui se promènent pour le seul plaisir de l'exercice calme et tranquille. Partout en France, en Allemagne et en Angleterre, on voit des centaines de gens qui, un jour de congé quelconque, se promènent sur les routes, les allées et les sentiers. Ici, un exercice aussi calme et aussi peu propre à attirer l'attention n'est pas populaire.

Il semble y avoir une sorte de fièvre de vitalité même dans la façon de prendre de l'exercice.

Il en résulte une série interminable de dissensions, de querelles, de discussions, non seulement parmi les sportmen de profession, mais aussi parmi les jeunes messieurs des universités et des clubs athlétiques. Le jeu de foot-ball s'est joué parmi ces jeunes messieurs avec tant d'emportements, tant de rencontres personnelles, et tant d'accusations l'un contre l'autre de tricherie et de déloyauté, qu'on a fini par proposer sérieusement d'arrêter tout à fait les jeux entre les universités.

Naturellement tout cela est honteux, et on ne peut l'excuser d'aucune façon, à moins que de dire que ces prétendus jeunes *gentlemen* ne méritent pas ce nom.

Il semble manquer ici le comparatif et l'intermédiaire, ainsi que la compréhension en toutes choses de la valeur de la moyenne entre les extrêmes.

Les journaux bannissent le comparatif et n'emploient que le superlatif. Les gens sont ou « riches » ou « pauvres », les discours sont « éloquents » et leurs auteurs sont des « orateurs »; les pompiers et les gendarmes sont des « héros »; les magasins ont des étalages « splendides » ou « magnifiques »; des pasteurs de

campagne inconnus rendent de « touchants
hommages » à leurs paroissiens décédés ; les
boutiquiers de province sont des « marchands
opulents » ; les gens riches laissent presque toujours des « millions » à leurs héritiers — généralement « dix millions » ; les acteurs, les
actrices, les orateurs « reçoivent des ovations » ;
Mme Jones, Mme Brown et Mme Robinson reçoivent leurs invités « vêtues d'adorables costumes » et « portent les bijoux renommés » des
Jones, des Brown et des Robinsons ; les avocats
font « des plaidoiries de maîtres » ; les docteurs
reçoivent « d'énormes honoraires » ; la vente d'un
livre populaire « s'élève jusque dans les dix
mille » ; on ne voit pas la fin des journaux qui
ont « la plus grande circulation du monde » ;
et la façon dont tout va se surpassant dans
chaque département de la vie dans ce pays du
superlatif, spécialement dans les comptes-rendus
du temps, où chaque jour de l'année surpasse en
chaleur, en froid ou en autre chose, les jours de
l'année précédente, doit bien donner à faire aux
pauvres statisticiens.

Tout cela s'accorde avec la course furieuse
après la fortune, et l'effort pour vaincre à tout
prix ; celle-là détruit la tranquillité et le confort
de la vie domestique, celui-ci amène un désac-
cord continuel dans bien des concours athlé-

tiques. On n'examine pas très soigneusement le succès, mais on ne fait guère quartier de l'échec.

Bien que j'aie été traité partout et par tous avec courtoisie, et souvent même avec une hospitalité prodigue, j'ai souvent remarqué qu'il y a une phase de mon caractère qu'on regarde avec désapprobation, quelquefois même avec dédain; c'est mon contentement! Pourquoi ne pas spéculer, pourquoi ne pas placer de l'argent dans telle ou telle affaire? Personne ici ne comprend qu'un homme puisse posséder assez! Il doit y avoir soit une veine de duplicité, soit un soupçon d'insanité chez un homme de quarante-cinq ans qui se contente de vivre de ses revenus, de faire partie de différents comités de sa petite ville de province, de s'occuper de l'école du village, de surveiller les réparations des routes, et de voir que ses fermes soient en ordre et ses quelques locataires confortables et heureux. On me demande pourquoi je ne cherche pas un emploi du gouvernement, pourquoi je ne fonde pas un journal, si j'ai acheté des actions des mines d'or d'Afrique, pourquoi je ne construis pas des cités ouvrières, pourquoi enfin je n'essaie pas de devenir célèbre ou énormément riche!

Apparemment il est à peine respectable d'être satisfait. Je n'ose pas répondre qu'ici, dans ce pays de la liberté, il me semble que la chose la plus embarrassante qui puisse arriver à un homme, c'est d'être remarquable soit dans la politique, soit dans le monde, à moins qu'il n'ait la peau d'un rhinocéros; si telle était ma réponse, ce serait la conclusion sincère à laquelle je suis arrivé sur ce sujet.

Le riche Américain est retardé dans toute course politique par le poids de sa fortune. Dans toute autre contrée, cela l'aiderait parce que ses partisans considéreraient sa fortune comme une marque de son succès et un signe de son habileté. Mais ici, qu'un Astor ou un Vanderbilt, un Rockefeller ou un Belmont se présente à un poste du gouvernement, ou qu'il soit nommé à un poste par le président, aussitôt il y a un chœur d'envie, de jalousie et de critique malicieuse. Ils luttent tous pour faire fortune, et dans une certaine mesure ils flattent ceux qui sont riches, mais, d'un autre côté, ils semblent prendre un plaisir étrange, incompréhensible pour moi, à empêcher les riches d'employer leurs talents dans des postes publics et diplomatiques.

Il y a eu un candidat à la présidence qui avait une assez grande maison à Washington; la photographie de cette maison a été promenée dans tout l'Ouest et le Sud comme un document qui parlait contre lui. On peut dire, avec l'approbation de tout homme politique astucieux en

Amérique, qu'il serait absolument impossible de nommer et d'élire un millionnaire à la présidence des États-Unis. Il suffit d'appeler un journal le journal des riches, ou un employé prééminent des chemins de fer le serviteur des riches, ou un grand avocat, l'avocat des riches, pour que certaines parties du pays perdent toute confiance en eux.

Il y a quatre-vingt-dix ans, le fondateur de la fortune des Astor était un pauvre garçon dans les rues de New-York; il y a cinquante ans, le fondateur de la fortune des Gould était un arpenteur inconnu; il y a vingt ans, les Vanderbilt étaient inconnus dans le beau monde de New-York; les Belmont sont venus à New-York vers 1830; et les fortunes qui proviennent des huiles (Standard Oil) sont entre les mains d'hommes dont les pères étaient inconnus dans les cercles financiers il y a vingt ans. Pourquoi donc être jaloux d'hommes et de femmes dont l'argent est assez nouveau pour satisfaire l'épreuve américaine la plus sévère! Que ne suis-je capable de répondre à cette question!

Cette grande hâte de devenir riche, cette furieuse envie de ceux qui sont riches présentent un problème moral trop subtil pour que je le résolve. En France, en Allemagne, en Angleterre, en Italie, nous comprenons les hommes

qui désirent que ni eux, ni d'autres n'aient une
grande fortune, et qui déclament contre la fortune comme contre un mal; mais il est difficile
de comprendre ceux qui réclament plus de monnaie, plus d'argent, plus de papier, plus de
n'importe quoi qui puisse acheter quelque
chose, puis qui se tournent contre ceux qui ont
de l'argent pour les injurier! Ce sont des enfants
en matière d'économie politique; rien d'autre
ne peut expliquer leur attitude.

VII

LES GENS AFFAIRÉS

Il faut avoir été dans ce pays pendant plusieurs mois et avoir vu de près les méthodes des hommes d'affaires et de ceux qui exercent diverses professions, pour qu'il soit possible de se figurer l'emploi presque fanatique de toutes sortes d'expédients mécaniques pour s'épargner du travail, et, je suis porté à le croire, pour perdre son temps.

En allant à Boston, j'ai remarqué dans le train un monsieur accompagné d'un jeune homme qui avait une machine à écrire. Pendant presque tout le trajet, il s'occupa énergiquement de ce qui semblait être une énorme correspondance. Dans les intervalles de ma conversation avec mes deux amis de Boston, je surveillais leurs mouvements avec intérêt.

Quelques-unes de leurs lettres étaient très courtes, pas plus d'une douzaine de lignes, d'autres étaient sans doute beaucoup plus longues. Voici comment la chose se faisait : Le monsieur prenait une lettre et la lisait tout entière. On plaçait alors une feuille de papier dans la machine, on l'ajustait, on la rajustait, et le secrétaire se mettait à jouer sur les touches, soulevant la machine de temps en temps pour voir ce qu'il avait écrit, pendant que le monsieur dictait. A deux reprises, sa dictée ne l'ayant pas satisfait, la feuille de papier fut enlevée de la machine, une autre fut mise à sa place, et on recommença. Une fois la lettre écrite le secrétaire la relisait, puis le maître en faisait autant, il y corrigeait généralement quelque chose, et enfin il la signait. Alors on mettait une enveloppe, on la cachetait, et l'affaire était faite pour cette lettre-là.

Deux hommes donnaient leur attention tout entière à une seule lettre ; ajoutez à cela le temps, la machine et le prix du travail nécessaire ; tout cela n'est pas le moins du monde proportionné à la chose accomplie. Un secrétaire entendu ayant un tel paquet de lettres, et sur chacune quelques notes de son maître, aurait pu se défaire de cette correspondance dans le tiers ou la moitié du temps, et on n'aurait occupé que le temps et l'attention d'un homme au lieu de deux.

Dans tout bureau de quelque importance, on trouve une machine à écrire. On s'en sert pour écrire des lettres de toutes sortes, et souvent des lettres qui, d'après les lois de la politesse, demandent une réponse de la main même du maître ou de son secrétaire. Dans beaucoup de cas, le manipulateur de la machine à écrire est aussi un sténographe. Quand il en est ainsi, on dicte les lettres et les communications de tout genre au sténographe qui se retire alors et les imprime sur sa machine; il les rapporte pour qu'on les relise et qu'on les signe, puis il les met dans leurs enveloppes et imprime les adresses.

Personne ne nie que dans un grand bureau il y ait une masse de choses dont on peut ainsi se débarrasser vite et convenablement à l'aide de ces machines. Mais ici leur emploi est devenu une vraie manie, et rien ne suggère mieux les affaires nombreuses et très pressées, rien ne semble plus *business-like* que de s'en servir constamment. Il y a aussi le téléphone qui tinte sa sonnette d'appel dans chaque bureau, dans chaque maison même; et le côté amusant de la chose, c'est que les hommes les plus désireux de gagner du temps par ces moyens perdront leur temps tous les jours d'une manière qui ne traverserait jamais l'esprit de l'homme d'affaires français, allemand ou anglais.

Dans les bureaux qui possèdent toutes les machines à gagner du temps que ce peuple d'une ingéniosité étonnante a inventées, les hommes s'asseyent à causer et à fumer pendant des demi-heures entières. Souvent la porte du bureau s'ouvre pour laisser pénétrer l'intrus directement auprès de l'homme d'affaires que l'on supposerait occupé. Il ne peut échapper et son temps est pris pendant des demi-heures à la fois par les amis et les connaissances qui n'ont rien de mieux à faire.

Les hommes qui, après un déjeuner avalé à la hâte, se précipitent dans un train express pour être emportés à toute vitesse au lieu où les attendent leur téléphone et leur machine à écrire, emploient souvent une bonne partie de leur temps en ville à faire de petites courses, à visiter d'autres hommes d'affaires qui, eux aussi, se sont précipités dans la ville avec une vitesse d'un mille à la minute, portant dans leur estomac un déjeuner qu'ils n'ont pas eu le temps de digérer, et qu'ils ont essayé en vain de pacifier au moyen d'un cigare dans le *smoking-car* enfumé.

On considère comme un symbole du succès de n'avoir pas le temps. Au contraire, la preuve même du vrai succès est naturellement d'être maître de son temps; car si on est l'esclave du temps, on est forcément l'esclave des mille et un diables que la hâte entraîne après elle.

J'ai fait des affaires à Paris, à Londres et à New-York, et aussi quelque peu à Berlin, mais je m'abstiens de donner mon opinion, bien que je cite à ce sujet deux Américains. L'un est un banquier de New-York, l'autre est un avocat aussi de New-York. Le premier m'a dit qu'il pouvait faire plus d'affaires à Londres ou à Berlin en une demi-heure, qu'à New-York en deux heures; et l'autre, l'avocat, m'a dit de même avec la seule différence qu'il donnait la proportion d'une demi-heure à une heure. Les lettres, me dit l'avocat, reçoivent une réponse plus prompte, on tient ses engagements plus ponctuellellément, et les hommes d'affaires refusent absolument de se laisser déranger pendant les heures fixes qu'ils consacrent au travail. Les Américains ont bien plus d'expédients mécaniques, et ils s'en servent plus qu'aucun autre peuple, mais cela ne peut pas compenser le manque de service personnel fidèle et discipliné.

Je ne puis mentionner le nom de mon ami

distingué, un banquier français de Paris, mais pour simplement énumérer les affaires politiques, sociales et strictement professionnelles qu'il fait avec l'aide de deux secrétaires chaque jour, entre dix et trois heures (exactement cinq heures), il faudrait une douzaine de téléphones et autant de machines à écrire. Ni un Français, ni un Anglais, ayant un emploi public de quelque importance qu'il soit, ne manquerait de répondre promptement à un billet poli, et cela par la main de son secrétaire; ici, au contraire, on reçoit des billets et lettres, même de nature personnelle, dictés au manipulateur de la machine à écrire.

Toutes les machines du monde ne peuvent compenser le manque de méthode et de systématisation de la vie d'affaires au moyen de règles fermes et impératives. Ici on fait au hasard beaucoup d'ouvrage de tout genre, et la perte de temps que cela occasionne est énorme.

Les critiques de tout cela ne veulent pas se rappeler comme tout est encore jeune ici; je l'oublie constamment moi-même. Il y a cinquante ans, l'Université de Harvard n'avait que que deux cents étudiants; il était difficile de recevoir une éducation même élémentaire; les bibliothèques et les livres étaient peu nombreux; un manuel allemand — et, il y a soixante-quinze ans, un grec — était chose rare; les hommes d'éducation et de culture ne se rencontraient pas souvent; et même maintenant, un esprit cultivé n'est pas essentiel aux succès politiques, ni même à l'occupation des plus hautes fonctions politiques, d'où il résulte que, même de nos jours, de telles fonctions sont comparativement peu recherchées.

Comment donc peut-on s'attendre à trouver une armée d'employés exercés, des centaines de secrétaires intimes capables, et des milliers de domestiques de tout genre bien dressés? C'est le manque de tout cela qui rend difficile une vie méthodique, et qui empêche à chaque pas un homme de se servir du meilleur de son intelligence avec le moins d'anxiété et de gaspillage possible.

Et aussi, à part la rareté des plus hauts grades du travail, les gens, même ceux qui ont les moyens, sont en général peu portés à payer quelqu'un pour faire ce qu'il leur est possible de faire eux-mêmes. D'où il résulte que des centaines d'hommes perdent leur temps et leurs forces et diminuent leur propre faculté de faire de leur mieux, en insistant à se fatiguer à faire eux-mêmes ce que d'autres pourraient tout aussi bien faire pour eux.

En Angleterre — il faut me pardonner si mes

remarques montrent des préjugés contre l'arrière-grand'mère de l'Amérique — on a une affectation prétentieuse d'oisiveté. A entendre parler beaucoup de jeunes gens en Angleterre, on s'imaginerait qu'ils ne font jamais rien, que nuls de leurs ancêtres n'ont jamais rien fait et que nuls de leurs amis n'ont rien à faire. Le plus haut degré du mauvais ton est de parler affaires (talk shop). J'appelle cela une affectation ridicule de la part de toutes les classes dans un pays de marchands (shop-keepers).

D'un autre côté, en Amérique on a une affectation également ridicule de paraître toujours affairé. En Angleterre, le snob poli demande : « Quels sont vos amusements? » En Amérique, le snob poli demande : « Quelles sont vos occupations? » Par politesse on suppose que chacun est affairé par-dessus les oreilles : affairé dans le le commerce, affairé dans sa profession, affairé dans la société. On entend dire continuellemnnt aux hommes comme aux femmes : « Il faut vraiment que je renonce à quelques-uns de mes engagements; je n'ai pas une minute à moi! » Tout cela paraît d'autant plus ridicule quand on remarque le peu de variété des distractions sociales, même à New-York — hors de New-York et de Washington, les devoirs sociaux dans les autres villes ne sont pas seulement restreints, mais aussi ils sentent un peu trop la province.

Mais c'est la mode d'être affairé, d'être écrasé sous le poids des engagements, d'être pressé, d'être tué enfin par ces terribles responsabilités sociales, professionnelles ou commerciales. Quelquefois la chose est vraie, mais seulement parce que les victimes sont incapables de diriger leurs propres affaires; dans la plupart des cas, c'est une belle farce ou une affectation sérieusement feinte. Cependant cette hypocrisie entraîne après soi bien des maux. Tant de gens répugnent à ce qu'on croie qu'ils ont du temps disponible, qu'ils ne prendront pas ouvertement la moindre récréation, même quand il leur serait très facile de le faire.

Un ami me dit que son médecin, un homme des plus renommés dans le monde de la médecine, et l'auteur d'un ou deux livres, lui dit que les grandes villes de l'Amérique sont le paradis des maladies de nerfs, et qu'on y emploie plus de sédatifs que dans aucun autre pays du monde.

Je n'ai pas de statistiques, et l'observation que je vais faire ne pourrait sans doute pas être prise pour un avertissement, mais un jour une de mes connaissances qui me savait intéressé aux singularités américaines, m'offrit de parier cinq dollars par jour pendant deux semaines que chaque matin il y aurait la nouvelle d'un suicide dans les journaux, et vingt-cinq dollars qu'à la fin de deux semaines il n'y aurait pas eu moins de dix suicides. Je refusai le premier pari, mais j'acceptai le second que je perdis, car pendant ces quinze jours il y eut onze suicides. Cela peut-être d'une grande signification, ou d'une bien petite, car, après tout, ce n'est peut-être qu'une coïncidence, mais c'est un fait qui m'a paru valoir la peine de le noter, fait que j'ai observé moi-même, et pas un conte inventé pour l'amusement du crédule voyageur.

Une des raisons premières qui fait que les Européens accusent les Américains de n'avoir qu'une éducation inférieure, c'est leur incapacité générale de tenir une correspondance quelconque sans faire d'erreurs, ou sociales, ou causées par le manque de culture. Les nuances et les gradations les plus connues dans la correspondance avec des gens qui ont avec nous des relations différentes ne semblent pas du tout familières à beaucoup d'Américains qui, avec leur fortune et leur position, les connaîtraient à fond dans tout autre pays.

A Rome, à Londres et à Berlin, on a fait circuler plus d'une lettre non officielle de l'un des sous-secrétaires de l'Ambassade américaine de ces villes, comme exemple de l'ignorance et du manque de savoir-vivre des Américains.

Après une visite à l'Université de Harvard, j'ai reçu une lettre sur un sujet quelconque de l'un des étudiants qui était dans la plus haute classe et dont l'éducation devait s'achever dans un mois ou deux. Dans cette lettre, il y avait deux fautes d'orthographe, la ponctuation était évidemment mise au hasard, et les phrases ainsi que les formules du commencement et de la fin auraient fait honte à un petit Français de dix ans.

D'autre part, j'ai tout un paquet de lettres et de billets des plus charmants et spirituels, dus à la plume de divers Américains. Je remarque simplement ceci : parmi les Américains qui vont plus ou moins dans le monde, le plus grand nombre ne savent écrire ni un billet, ni une lettre, et bien des hommes et des femmes qui occupent des positions prééminentes et qui possèdent de grandes fortunes, écrivent des billets et des lettres indignes d'un jardinier en chef ou d'un petit marchand de province.

Je crois que cela est en partie le secret de l'amour des Américains pour la machine à écrire, le téléphone et le télégraphe. Non seulement tout cela leur fait gagner du temps, du moins à ce qu'ils pensent, mais aussi cela leur épargne l'étalage de leur ignorance.

C'est une illusion qui se répète dans chaque génération, et à laquelle lés superficiels de chaque génération ont toute croyance, que le service personnel sera supplanté de plus en plus par le service mécanique; que la locomotive à vapeur remplacera les chevaux et les hommes, que les fabriques prendront la place des ouvriers; que la moissonneuse bannira les moissonneurs; que la machine à écrire et le téléphone banniront la plume, etc. Mais ces inventions viennent, elles sont bien reçues, on s'en sert, et pourtant il y a un je ne sais quoi dans la nature humaine qui empêche le bannissement des hommes par les machines.

Les Américains sont un peuple nouveau, et ils aiment les choses nouvelles, car ils n'ont pas les préjugés des vieilles traditions, et c'est pour cela qu'ils deviennent victimes de cette illusion, beaucoup plus facilement que les autres peuples.

Les Anglais, malgré leur intelligence assez lourde, ont vu la futilité de cette théorie, les Français en ont fait de même, et aussi, et à un plus haut degré encore, les Allemands, tandis que les Japonais l'apprennent, comme ils apprennent toute chose, avec la vivacité d'esprit instinctive de leur race. La petite Angleterre, la petite Allemagne et le petit Japon forment leurs hommes plutôt que leurs machines, et le commerce du monde, quand on l'analyse, montre les résultats, malgré les énormes avantages de ce pays si fabuleusement riche — en ressources naturelles.

Je prédis que dans vingt-cinq ans d'ici, les machines dans ce pays ne prendront pas tant à tort et à travers la place des hommes, et qu'il y aura bien plus d'hommes et de femmes qui sauront écrire leurs lettres.

L'Amérique est, par excellence, le pays des écoles gratuites et de l'éducation gratuite, pays où il est facile de saisir l'occasion au vol, mais il y manque une subtile association des idées pour y ajouter du raffinement.

En Italie, en France, en Autriche et en Angleterre, il y a des générations d'hommes et de femmes qui portent et lèguent à leurs descendants les lois intangibles des belles manières. C'est ce qui manque ici.

D'un autre côté, ce n'est pas la volonté d'apprendre ou d'imiter les bons modèles qui fait défaut. Mais le champ est si vaste, les précédents sont si peu nombreux, la vraie supériorité a tant de répugnance à se proclamer et elle est regardée avec tant de jalousie quand on la reconnaît, que les gens ne savent de quel côté se tourner pour trouver des maîtres et des exemples en matière de bon ton. D'où il résulte que l'étranger est souvent étonné de trouver un avocat éminent, un secrétaire de légation, un pasteur, un membre du cabinet — autant de cas que j'ai remarqués moi-même — apparemment incapables d'écrire un billet pour accepter une invitation à dîner, et ignorant la façon correcte de s'exprimer dans une lettre à une personne qu'on connaît très peu. Au premier abord on le met sur le compte de la grossièreté, mais plus tard la réception cordiale et la franche amabilité de l'homme, quand on le rencontre, prouvent d'une manière assez concluante que ce n'est que l'ignorance des nuances les plus fines dans les relations sociales, et rien de pire que cela.

L'emploi constant et presque universel du téléphone, du télégraphe et de la machine à écrire habitue les gens de moins en moins aux relations plus cérémonieuses. L'habitude innée de graisser les roues qui adoucit et aplanit l'échange des formalités d'homme à homme, quand la plume est prompte et l'affabilité de la vie sociale fait partie de la personne de chacun, ne se trouve pas ici. Ils n'ont pas le temps! disent-ils. Ils travaillent si dur! affirment-ils. La concurrence est si terrible, *we must hustle, we must hurry up !* quelle bonne expression que

ce *hurry up!* et les excuses vont leur train.
Peut-être ces déclarations sont-elles vraies. Qui
le sait? Pas moi, certes; mais, comme ma
grand'mère me disait souvent, hélas! il y a bien
longtemps : « Qui s'excuse s'accuse! »

VIII

LA POLITIQUE EN AMÉRIQUE

Pendant mon séjour en Amérique, j'ai rencontré bon nombre d'hommes politiques. Il y en a un dont je me souviens plus particulièrement : un homme plus jeune que moi de quelques années, qui a déjà joué un rôle éminent, et qui avait la tête pleine — ses ennemis disent « embourbée » — d'opinions et de connaissances en affaires politiques, vieilles et nouvelles. Plus tard, pendant mon voyage à Boston, on me présenta, sur le marchepied même du train, à deux Bostoniens, tous deux ayant un emploi public, l'un à Washington, l'autre dans son propre État, et pendant les cinq heures de notre voyage ensemble, ils m'ont raconté bien des choses intéressantes.

Je dois aussi avouer qu'il n'y a pas bien long-temps, j'ai été à Washington pendant quelques semaines pour affaires demi-officielles, et les impressions que j'y ai reçues sont parmi celles que j'ai notées ici.

En lisant les journaux, — j'ai rassemblé quelques notes plus détaillées sur ce sujet, dans la dernière partie de mon journal — on remarque tout d'abord le franc dérèglement de presque tout ce qui regarde la controverse politique. On croirait, vraiment, que dans la vie politique on n'a confiance en personne et on ne respecte personne. J'ai découvert que cette façon d'agir envers ses adversaires politiques n'est pas nouvelle.

Il y a un siècle bientôt, après la signature du traité de Jay avec l'Angleterre, Washington, dont on entend maintenant partout prononcer le nom avec un accent qui approche de la vénération, fut traité de la même façon, sinon plus mal. On le traita de « voleur », de « César américain », de « beau-père de son pays »; on l'accusa de meurtre, et on dit qu'il avait « l'ostentation d'un pacha oriental ». Thomas Paine écrit, à propos de lui : « Quant à vous, Monsieur, traître envers vos amis et hypocrite dans votre vie publique, le monde aura de la peine à décider si vous êtes un apostat ou un imposteur. »

Après qu'il se fut retiré de la présidence, un autre écrivit : « Maintenant l'iniquité politique va cesser d'être légalisée par un nom. »

On traita Thomas Jefferson de « lâche » et de « déserteur », et on se moqua de sa manie de philosopher en le représentant — s'il était élu président — surpris par un ministre étranger « à anatomiser les rognons et les glandes d'un Africain, pour découvrir ce qui rend le nègre noir et odorant. »

On traita Adams d' « aristocrate », de « mono-crate », d' « anglomane »; on l'accusa de s'être laissé payer par les Anglais pour entreprendre sa fameuse défense des soldats anglais après ce qu'on appelle le massacre de Boston, et on dit qu'il voulait établir une monarchie où ses fils lui succèderaient.

Voilà comment on a traité les cinq premiers présidents des États-Unis. Mais ils n'ont pas été les seuls : personne n'a échappé. Jay a été brûlé en effigie. On a traité Franklin de débauché, on lui a reproché d'être le père d'enfants illégitimes, et aussi d'avoir laissé à un hôpital une masse de dettes en guise de legs. On a accusé Hamilton de presque autant de crimes qu'on ne peut nommer que Napoléon; tandis que Gerry, Marshall, Gallatin, Monroe, Madison, et bien trop d'autres pour les énumérer, ont souffert des insultes verbales d'une intolérable indignité.

On appelait cela, et on l'appelle encore, la liberté de la presse. Pour défendre ce privilège d'insulter et d'injurier son ennemi, on dit qu'on expose ainsi la canaille et que toutes les menées sourdes sont rendues impossibles. En réalité, il en résulte que peu de journaux dans les États-Unis ont le pouvoir de faire beaucoup de bien, comme aussi il y en a peu qui soient très capables de faire du mal. Toutes leurs tirades de partis, tous leurs superlatifs insultants, toutes leurs accusations diffamatoires sont lues avec indifférence, et on les considère simplement comme faisant partie des chicaneries politiques. Les journaux ne sont pas subornés, du moins pas directement, je crois, mais le plus grand nombre ont vendu leur pouvoir soit au bien soit au mal, en abusant sans retenue de leurs privilèges.

Même dans le Massachusetts, Garrison, Phillips, Webster et Sumner ont tous été insultés et humiliés dans leur propre État et par leurs propres partisans. Je suppose bien qu'il y a des mauvais sujets dans la politique américaine, et certainement ils méritent d'être châtiés par les journaux; mais assurément c'est dommage que l'étranger intelligent soit amené à croire, d'après le ton général de la presse publique de ce pays, que chaque homme qui s'occupe de politique est un fripon.

Cet état de choses est dû en premier lieu à l'envie intense et largement répandue du succès, qui se remarque ici dans tous les genres de vie ; et, en second lieu, au fait que, sans aucun doute, un nombre toujours plus grand, particulièrement dans le Sénat fédéral, et dans les sénats des États, se font élire, ou laissent croire qu'ils se font élire, par l'usage direct, ou l'influence indirecte de leur argent ou de celui de leurs amis. En tout cas, il est certainement vrai que la proportion des riches dans le Sénat des États-Unis aujourd'hui n'est pas du tout en rapport avec la richesse de leurs électeurs.

Les sénateurs fédéraux sont élus non pas directement par le peuple, mais indirectement par la législature de chaque État. La législature d'un État forme un corps plus petit et plus facilement influencé que le corps des électeurs, donc il est aussi plus facilement suborné et corrompu.

J'exprimai ma surprise à mes compagnons de voyage sur la route de Boston, de ce que les électeurs eux-mêmes ne préfèrent pas être représentés par leurs meilleurs hommes. « Ils le préfèrent quelquefois, me répondirent-ils, mais souvent les meilleurs hommes refusent de servir. Ils n'ont pas peur pour eux-mêmes des abus et de la critique, mais peu d'hommes peuvent supporter de voir leurs femmes, et même leurs enfants et leurs domestiques, photographiés et interviewés furtivement, et même assez souvent diffamés et insultés. »

Quand un homme réfléchit que l'histoire de sa famille aussi loin qu'on peut la suivre, que ses chagrins personnels, que ses relations domestiques les plus privées, que ses affaires ou sa profession, que ses amis intimes seront tout autant de sujets de moquerie, de satire et de caricature, il hésite avant de s'offrir, lui et tout le reste, à un tel sacrifice.

Un autre trait de la politique américaine, que les Américains eux-mêmes, avec leur bonne humeur indifférente ne reconnaissent pas, c'est la différence rapidement croissante entre les sections géographiques de cet énorme territoire.

Dans le passé, la rivalité la plus importante existait entre le Massachusetts et la Virginie, qui représentaient respectivement le Nord et le Sud. Maintenant il y a rivalité entre les grands États agricoles du milieu de l'Ouest, et les grands États manufacturiers du Nord-Est; les États qui produisent de l'argent dans l'Ouest, et ceux qui possèdent de l'or dans l'Est; entre les États où la richesse, le confort et la culture défendent leur propre stabilité et demandent une fondation solide de finances conservatrices, et les États comme le Texas du Sud-Ouest, et les communautés de cultivateurs des États du Centre et du Nord-Ouest, où on a peu d'argent et où la population, ayant peu à perdre et tout à gagner, accepte les théories les plus chimériques de socialisme mal compris et de finances peu solides.

Par rapport à cela, il faut se rappeler que chacun de ces États, quelle qu'en soit la population, quelle qu'en soit la richesse naturelle, ou acquise, que sa population soit américaine de naissance ou composée en majorité de nègres ou d'immigrants récemment arrivés, que ses habitants soient instruits ou ignorants, est représenté au Sénat fédéral par deux membres, ni plus ni moins. Et d'après la Constitution, on ne peut empêcher aucun des États d'avoir au Sénat une représentation égale à tous les autres. C'est bien réellement égaliser les choses inégales.

Voici un exemple de ce qui pourrait arriver : il y a dix États dont la population totale est moins nombreuse que celle de la ville de New-York et ses environs, et dont la richesse totale est aussi bien inférieure à celle de New-York ; et pourtant ils sont représentés au Sénat des États-Unis par vingt votes, tandis que tout l'État

6

de New-York, y compris la ville de New-York, n'a que deux votes. En un mot, presque le quart des votes au Sénat des États-Unis sont aux mains d'hommes qui représentent une population moins grande que celle de la ville de New-York. C'est déjà une source d'inconvénients qui pourrait devenir, il me semble, la cause d'abus, qu'on ne pourrait arrêter qu'après un dérangement sérieux du mécanisme du gouvernement.

A part l'enthousiasme spasmodique excité de temps en temps par les élections fédérales et celles des États, il semble que beaucoup d'Américains ne prennent que peu d'intérêt à la politique.

En Angleterre on vous corne les oreilles dans tous les fumoirs, à tous les dîners et dans tous les clubs en parlant politique, et en France presque tout le monde s'intéresse vivement à la politique; quant aux Italiens, de nos jours ce sont tous des hommes politiques.

Ici on dit que dans les grandes villes, il est presque impossible de faire voter cette classe d'individus qui ont le plus d'intérêt à conserver un bon gouvernement. A l'occasion il y a une explosion d'indignation de la part des classes supérieures, et on renverse le gouvernement, mais bientôt les affaires se calment, et les souris reviennent jouer dans les greniers publics.

On n'entend jamais parler de la débauche de la politique dans les États-Unis, sans entendre en même temps maintes allusions aux Irlandais et à leurs votes. C'est peut-être le résultat de mon ignorance ou de mon inexpérience, mais ayant rencontré le politicien irlandais dans son repaire natal, New-York, je dois avouer qu'il m'a fait une impression favorable.

L'indulgence native et demi-badine pour le succès, quelle qu'en soit l'origine, s'applique à ces politiciens. Si un homme a de l'argent et la capacité de s'en servir, on lui donne une grande latitude en affaires de moralité personnelle. Quelquefois on soupçonne même le clergé de laisser passer chez ses souscripteurs importants des fautes que l'on condamne impitoyablement chez ceux qui n'ont pas d'argent. La masse du peuple a l'idée qu'il y a un élément de *buncombe* dans la morale comme dans la politique. Ils sont désorientés peut-être par l'exemple de tel ou tel riche renommé pour sa mauvaise vie, qui se trouve haut placé dans les conseils de l'Église ou dans le monde. Le grand désir et l'admiration du succès, et un code moral assez arbitraire s'unissent pour rendre facile la chicanerie politique, et énormément difficile une opposition organisée contre elle. Et puis aussi ces politiciens ont des qualités chères au cœur américain;

ils sont affables, vulgaires, charitables aux vices d'autrui, et ils ne prétendent pas eux-mêmes à la vertu. Le nombre d'Irlandais qui prirent part à la guerre de Sécession n'a été dépassé par aucune autre nationalité. Ce sont deux jeunes garçons irlandais qui ont imprimé et publié la première édition de Shakespeare dans ce pays, et les ancêtres de deux présidents des États-Unis sont venus du même village dans le nord de l'Irlande.

A peu près tous les autres partis politiques de ce pays ont été divisés et désagrégés une fois ou l'autre par des discussions intérieures, mais personne n'a jamais réussi à briser les colonnes solides des démocrates irlandais. Ils détestent l'Angleterre, mais il serait étonnant qu'il n'en fût pas ainsi, et cela met quelquefois des entraves aux relations amicales qui devraient exister entre les deux pays; mais, pour être franc, il faut dire que c'est parce que les politiciens américains flattent bassement les électeurs irlandais, et les Irlandais n'y sont pour rien — et qu'on dise ce qu'on veut, leur loyauté constante et résolue pour leur propre parti et leurs compatriotes est plutôt admirable qu'autre chose.

Les Américains sont partout en grande majorité, et s'il leur plaît d'être dominés, volés et mal gouvernés — comme ils disent l'être — par une minorité d'électeurs irlandais, on ne peut guère ressentir de la sympathie pour eux.

On a dit que « ce sont les minorités qui gouvernent le monde, et c'est pour cela que le monde a une histoire; si la vraie majorité gouvernait, il ne se passerait jamais rien. » Certes, il ne manque pas ici d'événements politiques excitants sous la domination de la minorité hibernienne, bien qu'ils ne réjouissent guère ceux qui doivent payer les taxes. La création d'une histoire remarquable doit ressembler à l'habitude américaine de griller les homards vivants — c'est plus agréable pour celui qui en jouit plus tard que pour celui qui doit subir l'opération au moment même.

Pour le voyageur qui vient ici voir ce qui se passe et noter ses impressions, cette tyrannie exercée sur les Américains de naissance par les Celtes dégourdis de l'Ile d'Émeraude n'est qu'un autre exemple de la bonne humeur et de l'indifférence nationales. « Laissez-moi faire mon magot, et vous pourrez faire ce que vous voudrez du gouvernement municipal et fédéral! » semble être le sentiment général.

Si les Américains peuvent faire des milliers, ils ne se donneront pas la peine de punir ceux qui volent des centaines. Dites que c'est de l'indifférence, de la bonne humeur, de l'insouciance, ce que vous voudrez, ce n'en est pas moins leur propre faute. Ils n'ont pas le droit de se plaindre, ils méritent d'être volés, tyrannisés et incommodés. Peut-être un jour abandonneront-ils leur recherche des richesses et commence-ront-ils à se gouverner eux-mêmes. Pour le moment, ce pays n'est qu'une autocratie composée de ceux qui consentent à faire le sale ouvrage politique, ce n'est pas une république.

IX

UNE VISITE A BOSTON

Quand j'annonçais à mes amis de New-York que j'irais bientôt voir Boston, les conseils, les suggestions et les remarques qu'il me fallut entendre m'amusèrent vivement.

On me dit qu'aussitôt avoir passé la frontière de la Nouvelle-Angleterre, j'entendrais bien peu d'anglais, car presque tout le monde y parle latin ou grec; les théâtres ne représentent que des pièces grecques, et de nos jours les comédies d'Ibsen; il est défendu de fumer et de jurer dans les rues; les dames portent des voilettes bleues et des pince-nez; les hommes parlent leur langue avec l'accent le plus anglais et portent en guise de devants de chemise leurs diplômes de l'Université de Harvard; on voit dans les rues les petits garçons qui vont en procession porter une pétition au gouverneur, demandant l'augmentation des heures d'école; aux clubs principaux, il y a des débats trois soirs par semaine sur des sujets métaphysiques; plusieurs églises ont pour pasteurs des femmes qui montent en chaire en *bloomers*; aux soirées, après la discussion d'un article lu par un professeur de Harvard, on sert des glaces et de l'Apollinaris, et, dans les très grandes maisons, du soda; les gens de New-York ne vont à Boston que lorsqu'ils sont en grand deuil, car on n'y a aucun amusement où un tel costume ne serait pas à sa place.

On me conseilla de ne pas paraître trop étonné de l'énergie procréatrice colossale des passagers du May Flower quand on me montrerait leurs descendants prodigieusement nombreux; et on me prévint que si je voulais atteindre une grande popularité à Boston, rien ne m'y aiderait comme de prendre le monument de Bunker Hill pour un monolithe, et de gémir sur la frivolité sociale et la stérilité littéraire et intellectuelle de New-York.

Je crois que lorsqu'un grand nombre de gens dans n'importe quelle partie du monde acquièrent une réputation d'excentricité, bien que le badinage l'exagère, il y a toujours un peu de vrai au fond.

A un dîner de New-York, j'avais rencontré un riche Bostonien et sa femme. Sur leur demande, j'allai les voir le lendemain de mon arrivée à Boston, et le même soir me vit transféré armes et bagages dans leur superbe maison. C'était un jeudi, et j'allais rester chez eux jusqu'au lundi suivant.

Ce que je vais vous dire n'est peut-être qu'une coïncidence — quoique, alors, j'ai pensé que ce serait peut-être bien une farce, suggérée à mon hôtesse par mes amis de New-York — toujours est-il que le samedi matin, mon hôtesse m'invita à aller entendre avec elle la lecture de quelques passages des œuvres de Browning. Jusqu'à notre entrée dans la salle et au commencement de la lecture, j'espérais encore que ce n'était qu'une farce. Bien loin de là. Pendant une heure et demie, un jeune monsieur, très gentiment mis et portant un nombre remarquable de bagues, nous lut des morceaux choisis de Browning. Après la lecture on me présenta à quelques dames, et je m'efforçai avec précaution de découvrir si cette lecture se faisait dans un but charitable, pour venir en aide à quelqu'un. Non, tous ces gens écoutaient cette lecture et payaient un bon prix pour leurs billets, simplement par amour de ce genre d'amusement.

Quelques-unes des dames avaient du tricot ou de la broderie, et elles travaillèrent assidûment pendant la lecture. Le jeune monsieur n'était ni professeur ni grand savant, me dit-on, mais il avait été chez M. Browning à Londres, et on le considérait comme un « chic » interprète de Browning. Je ne puis critiquer ce jeune homme, car je connais très peu la poésie de Browning, mais depuis cette lecture, je n'ai rien ajouté de ce poète à ma bibliothèque, pas plus qu'à ma connaissance de ses œuvres.

Ce matin-là, une dame me demanda si j'avais écrit quelque chose, ou si je donnais des conférences; personne ne m'a jamais soupçonné ni de l'une ni de l'autre chose à New-York, et je me sentis flatté d'une telle question, jusqu'à ce que mon hôte me dît, le soir du même jour, qu'on demandait la même chose à tous les étrangers.

A deux autres occasions, pendant mon court séjour, on m'invita d'abord à une conférence donnée le soir, et ensuite à une autre lecture tirée cette fois de Thucydide et faite par un jeune professeur de l'Université; mais comme je refusai sous prétexte que ma connaissance imparfaite de la langue anglaise m'empêchait de jouir de ce genre d'amusements, je ne puis vous dire s'ils étaient bons ou intéressants.

Le vendredi après-midi, j'allai pourtant à un concert, ou plutôt à une répétition, et là aussi l'auditoire se composait presque entièrement de femmes. On me dit que c'est une institution de Boston, une sorte d'*afternoon-tea* musical, où chaque vendredi, pendant les mois d'hiver, Boston fait l'inspection de Boston à travers ses lunettes, et en même temps s'atteste à soi-même son amour de la culture, manifestée sous la forme musicale. Avant tout soyons juste et ajoutons que, bien qu'une telle chose se prête aux exagérations du badinage chez les barbares de New-York, hors de la moderne Athènes, ce n'en est pas moins le plaisir musical le meilleur et le plus soigneusement organisé qu'on puisse avoir en Amérique. Pendant que les autres rient, la ville de Boston est fière de quelques-unes de ces singularités, et cela avec toute apparence de raison.

Depuis le temps des *Illuminés* d'il y a cent ans jusqu'à l'*Ibsénisme* et le *Néo-Bouddhisme* d'aujourd'hui, Boston a été en proie à toutes sortes de frénésies mentales. C'est le foyer des *Transcendantalistes* en philosophie, des *Déistes* en théologie, des *Mugwumps* en politique, du *Fouriérisme* en sociologie.

Ce n'est pas loin de là que le *Brook Farm Movement* essaya de mettre en pratique les théories de nos socialistes français d'il y a un demi-siècle. Le travail manuel devait être relevé par la vie intellectuelle, et le tout en commun n'amena rien de spécial, si ce n'est des dettes.

Ce n'est pas ici qu'on commença à s'occuper de l'abolition de l'esclavage, mais c'est ici qu'une foule de messieurs respectables traînèrent William Lloyd Garrison dans les rues, une corde autour de la taille ; c'est ici aussi que les aristocrates de la communauté ridiculisèrent le gouverneur Andrew, parce qu'il préparait la milice de l'État et lui faisait faire l'exercice, prévoyant la guerre de la Rébellion.

Boston a aussi l'honneur, assez douteux, d'ailleurs, d'avoir été la seule communauté qui ait insulté Washington, par la personne de son premier magistrat, quand Washington parcourait le pays après avoir été élu président.

Quoique cette partie du monde ait les sérieux défauts de ses qualités, il est juste de dire que quelques-unes de ses qualités sont d'un genre très distingué. Le petit groupe d'hommes qui ont mis en renom la littérature américaine étaient des hommes de la Nouvelle-Angleterre : Longfellow, Lowell, Emerson, Whittier, Hawthorne, Thoreau, Holmes, Poë et d'autres moins connus, sont tous nés dans la Nouvelle-Angleterre, et tous étaient à peu près contemporains. Il serait difficile de trouver ailleurs une telle moisson littéraire dans la même saison.

Sans l'aide de la Nouvelle-Angleterre la Révolution eût été impossible et la Rébellion presque impossible. Il est bon que le reste des Américains se souviennent de ces choses, mais ceux de la Nouvelle-Angleterre montreraient plus de dignité s'ils n'étaient pas toujours à rappeler aux autres leur importance d'autrefois.

La femme de distinction sur son déclin qui parle continuellement de son passé, produit sur ceux qui l'écoutent avec indifférence l'effet de leur faire souhaiter que le déclin aille plus vite.

New-York, Chicago, Saint-Louis et Kansas City appartiennent à cette classe d'auditeurs quand Boston commence à donner des détails sur ses services passés. Après avoir passé quinze jours à Boston, Cambridge, Concord et Plymouth, on commence à comprendre l'attitude indifférente, pour ne pas dire ennuyée, des voisins de Boston, qui ont une généalogie moins fameuse.

Bien que l'instruction et la culture ne soient pas aussi généralement répandues et en évidence à chaque pas, comme on voulait me le faire croire, il n'y a aucun doute que les gens ont un air de supériorité éprouvée. Il repose sur bien peu de chose maintenant, car la littérature s'est envolée jusqu'à New-York et le commerce l'a suivie de près, l'esprit d'entreprise est allé à l'ouest, et le centre de gravité de la politique est parti ailleurs.

Boston a atteint un certain niveau en affaires sociales et intellectuelles avant aucune de ses rivales, mais elle semble en être restée là; de sorte qu'aujourd'hui l'étranger se trouve en présence d'une population de grande ville, portant, au point de vue social, la petite veste et les pantalons courts de la province. On ne rencontre plus à Boston ceux qui sont au premier rang parmi les hommes de la pensée, de l'action et de la mode. Les grandes familles, au point de vue social, ont à leur tête — dans les trois ou quatre cas principaux — des hommes et des femmes qui n'ont pas plus de grands-parents que leurs amis de New-York. Les divertissements des membres de la société les plus ambitieux ont peu d'éclat, parce qu'il y a un tel manque de variété chez les convives.

Le fameux « Quatre cents » du pauvre M. Mc Allister se réduit ici à quatre-vingts, et comme l'essence même de la société est l'esprit d'exclusion, il en résulte qu'ici les amusements ne sont pas plus gais que des enterrements.

Je suis allé à quatre dîners, où les invités se trouvaient au nombre de douze à vingt-six ou vingt-huit. A tous les quatre j'y ai rencontré mon hôte et son épouse et un autre monsieur; à trois de ces dîners se trouvaient deux autres messieurs; ces cinq personnes-là semblent être invitées à tous les dîners qui se donnent à Boston.

Je ne veux pas dire par là que ce n'était pas agréable de rencontrer partout ces mêmes personnes, mais dans quelle autre capitale, qui prétend à tant d'importance, y a-t-il un tel manque de variété sociale? Bientôt, il semble vraiment qu'on ait vécu dans la même maison que ces gens-là, et on comprend pourquoi il y en a tant à Boston qui s'appellent par leurs petits noms. L'allusion constante à Mme Jim, Mme Billy, Mme Dick, et à Bob, Nat, Tom et Jim, qui d'abord semblait de l'affectation, cesse de le paraître, et j'ai compris que c'était le résultat naturel de la charmante familiarité d'une ville de province.

Quant à la conversation, elle était pour moi, une bonne partie du temps, une conversation à clef. Les petits noms correspondaient aux petites affaires qui les intéressaient et qui formaient le sujet principal de leurs conversations. Ils ont tous voyagé, ils vont tous fréquemment à New-York, et quand on me parlait à moi personnellement on faisait quelque effort pour s'orienter, mais aussitôt qu'on causait entre soi, c'était toujours le jargon agréable et familier, avec ces allusions sous-entendues, d'une troupe de paysans en pique-nique.

Et cette vie sociale étroite et monotone n'est pas une caractéristique remarquée seulement par les étrangers. Quand j'ai rencontré des gens à Cambridge et ailleurs qui ne fréquentaient pas ce petit cercle, j'ai remarqué que même ses propres voisins comprennent que Boston perd plutôt que de gagner aux idées provinciales de ses principaux salons. Mais c'est peut-être de la jalousie : on n'est jamais sûr là-dessus, à moins d'avoir vécu des années dans une communauté. Mes deux courts séjours en Amérique me permettent seulement d'être le chroniqueur de ce que j'ai vu et entendu, et non pas le critique des Bostoniens ou des autres Américains dont je parle ici.

Cependant on ne peut nier qu'il semble y avoir ici plus d'animosité, plus d'efforts et de luttes, plus de duperie pour saisir les chances sociales que partout ailleurs. D'après ce qu'on dit, une belle et longue avenue de Boston serait un cimetière longitudinal d'espérances sociales enterrées dans les superbes maisons qui la bordent. C'est là que se sont rassemblées les familles qui, ayant fait fortune, ont pensé que d'habiter cette avenue les avancerait d'un grand pas vers la citadelle sociale; mais, hélas! elles n'ont bombardé avec succès cette première ligne de barricades que pour se trouver indéfiniment stationnaires.

Peaux et balles, whiskey et médecines, porc et bœuf, moissonneuses et huiles minérales, tout cela peut faire pénétrer dans la société la plus raffinée de New-York ou de Chicago ceux qui en ont retiré de grands bénéfices; mais cela ne se fait pas chez les Bostoniens — du moins, à ce qu'ils disent.

A New-York et à Washington on entend parler de certains quartiers comme n'étant pas à la mode, mais cela se dit en farce, et dans la vie sociale de ces quartiers, quoique moins que dans les capitales de l'Europe, on rencontre des hommes et des femmes qui se sont fait un nom dans les arts, la littérature, les finances, l'Église, l'État ou le barreau. Mais à Boston ce sel de la variété fait évidemment défaut.

J'ai été bien étonné de ne pas rencontrer dans les maisons où l'on m'a invité, un seul des cinq ou six hommes de Boston ou des environs, dont moi, étranger, j'avais entendu parler et dont j'aurais aimé faire la connaissance. Je n'ai même jamais vu cette classe de la société dont on trouve toujours au moins un spécimen à un dîner en France, en Angleterre, ou en Italie, et même à New-York ; je veux dire les pasteurs.

Je connaissais familièrement les noms du Président de l'Université de Harvard, et de deux de ses professeurs, d'un pasteur, d'un banquier et d'un directeur d'une compagnie de chemins de fer de Boston. Mais on me dit que pas un d'eux ne se montre dans la société de Boston : le président, les professeurs et le pasteur, parce qu'ils n'en ont point envie ; le banquier et le directeur, parce que, pour quelque raison occulte, on ne les invite pas. Et pourtant, si on enlevait de Boston ces six hommes-là, il serait bien difficile de les remplacer.

Je les ai tous vus pendant mon séjour à Boston, mais c'est parce que j'ai été chez eux, et non parce que je les ai rencontrés dans la société où j'avais été introduit par mes amis de Paris et New-York. Mon hôte les connaissait tous, mais, bien que j'aie mentionné plusieurs fois mon désir de les voir, il est évident qu'eux et leurs femmes ne sont pas faciles à recevoir. Mon hôte les rencontrait de temps en temps d'une manière ou d'une autre, quelques-uns d'entre eux assez souvent même, mais lui et sa femme ne voyaient pas ces messieurs et leurs femmes. Tout cela me semble fort bête, car « bête » est la dernière qualité qu'un Bostonien attribuerait ou à lui-même, ou aux institutions qu'il soutient.

X

DISTINCTIONS DE CLASSES

Quand on visite une communauté qui se vante d'avoir pris un soin spécial du berceau de la Liberté, on s'attend à trouver dans cette communauté des marques de la vigueur de l'enfant Liberté à l'âge avancé de cent ans. On est donc bien abasourdi de découvrir que les églises sont les citadelles mêmes des distinctions de classes.

Après avoir fait mes propres dévotions de bon matin, je me laissai conduire à l'une des plus vieilles églises de Boston. Là, les bancs appartiennent en propre aux adorateurs qui peuvent les léguer à leurs héritiers comme toute autre propriété. A mesure que le monde arrive, chaque famille va à son banc en procession, y entre et ferme la porte à clef derrière elle.

C'est le plus haut point de l'exclusivisme, autant que j'en puis juger par mon expérience du monde. Pas un club, pas un théâtre, pas une société, pas un bureau n'est plus complètement entre les mains de son possesseur. On vous élira même à l'Académie française si vous le méritez ; même le Président des États-Unis doit, de temps en temps, ouvrir au public sa résidence officielle et toucher la main de tous ceux qui y viennent ; mais dans les maisons de Dieu à Boston, on est membre héréditaire, comme sur le trône d'Angleterre ou de Russie. Quand on m'eut expliqué cet arrangement ecclésiastique aristocrate, mon étonnement ne connut plus de bornes, mais pas un de ceux qui m'avaient donné ces informations ne parut le partager.

La vulgarité et l'aspect commercial blasphématoire de la chose ne semblaient aucunement les frapper. Ils ne comprennent évidemment pas pourquoi il n'y aurait pas de *job-lots*, de *bargains*, de *booms* et de *corners* en affaires de « salut » comme en d'autres affaires. A la grande église où j'allai l'après-midi, on louait les bancs de la même façon que dans l'autre église, bien qu'ils n'aient pas de portes qui ferment à clef.

Les pasteurs qui sont à la tête de ces églises reçoivent un salaire régulier et les propriétaires ou les locataires des bancs peuvent les renvoyer à leur gré. Ils n'ont donc pas plus de liberté qu'un domestique ou un cocher. S'ils ne prêchent pas ce qu'on veut, ou s'ils ne se conduisent pas en société ou en politique au goût de leurs maîtres, ceux-ci les préviennent tout simplement qu'ils devront partir dans quelques mois.

Je demandai comment il se faisait que des prêtres qui assument le pouvoir de prononcer l'absolution et le pardon, n'aient réellement en même temps aucun pouvoir de garder leur place ou de dire que leur troupeau a tort ou raison, puisque les brebis n'ont qu'à s'assembler et voter pour le renvoi de leur berger quand elles en ont envie.

On dut admettre que c'était apparemment une étrange anomalie, mais que, en réalité, on a rarement de la peine à remplacer un berger. Au contraire, plusieurs bergers s'offrent toujours pour chaque troupeau vacant, et souvent il y a de vraies réunions politiques et bien des manœuvres de la part des amis de ce berger-ci ou de celui-là pour le faire élire. Des bergers d'autres troupeaux, plus petits ou moins lucratifs, écrivent souvent pour demander la permission de se présenter aux suffrages d'un troupeau plus nombreux ou plus riche qu'on sait être vacant.

Cette administration des églises à la façon des

7.

clubs et leur exclusivisme sont si universels, que les auditoires que vous y voyez sont vêtus avec autant d'élégance que l'auditoire d'un théâtre de premier rang. Les pauvres ne s'avisent pas plus d'y aller qu'ils ne songeraient à pénétrer dans un club à la mode.

Souvent ces riches clubs ecclésiastiques ont des « chapelles » ou des « missions » dans d'autres quartiers de la ville pour les pauvres, mais où les pauvres qui se respectent ne vont pas — et ils ont raison. Ceux qui y vont sont les parasites qui veulent flatter les représentants des familles riches qui y enseignent ou prennent part aux services, afin d'en obtenir de l'argent, des vêtements et du charbon.

Mon ami le pasteur me dit : « Ces chapelles et ces missions des riches églises de la ville produisent les hypocrites, les jaloux et les parasites. Si j'étais pauvre, je ne voudrais pas y entrer, — j'ai peu de respect pour le pauvre qui les fréquente.

— Où donc vont les pauvres, et qui s'occupe d'eux ? demandai-je. — Le peu qui se fait pour eux spirituellement est fait par vos gens et par l'Armée du Salut — et il faut se rappeler que cinquante-six pour cent de la population totale des blancs en Amérique n'appartiennent à aucune église en particulier, et que trente-six pour cent de ceux-là font partie de la classe pauvre — et nous protestants, nous contribuons largement à leur support matériel. Beaucoup de ces églises, continua-t-il, sont aussi faciles que les clubs à définir socialement. Telles gens vont à l'une, telles autres à une autre, et ainsi de suite; et les gens y vont très souvent rien que pour être ensuite reconnus par telle ou telle clique. »

Moi, un étranger, je n'ai rien à faire avec tout cela. C'est un autre des nombreux problèmes que les Américains doivent résoudre eux-mêmes. Le sujet m'intéresse seulement comme une autre phase d'un état de choses si peu républicain. Cela m'intéresse aussi en montrant comme encore ici la théorie résulte en une pratique des plus déplorables, et pourtant les gens eux-mêmes, avec leur aimable indifférence accoutumée, la laissent passer et la négligent.

Les annonces de villas d'été, de yachts, et de voitures d'occasion se lisent à côté des annonces de bancs « bien situés » qui sont à louer dans telle ou telle église à la mode. On m'a montré à Boston un homme qui sous-loue des bancs dans trois églises différentes, et qui fait de « bonnes affaires avec les trois », comme m'a dit mon ami. On peut s'imaginer que c'est bien d'accord avec le génie commercial américain de ramasser des occasions de bancs d'églises, puis de « boom » l'église et de sous-louer les bancs avec intérêt.

Je ne sache pas qu'il y ait actuellement des courtiers qui se vouent exclusivement à ce genre d'affaires, mais de la façon dont ces choses se font ici, on trouverait tout naturel qu'il y en eût. En tout cas on entend souvent dire d'un pasteur qu'il a « une grande force d'attraction », ce qui veut dire qu'il attire un nombreux auditoire qui achète ou loue des bancs, et parvient ainsi à remplir le trésor de l'église. J'ai vu deux fois dans les journaux qu'un pasteur avait été renvoyé parce qu'il ne savait pas « remplir » son église, et par conséquent les recettes ne couvraient pas les dépenses.

Quand je songe aux deux prêtres de ma propre paroisse, à la pitance qu'ils reçoivent, à leur petite « force d'attraction », et pourtant au bien illimité qu'ils font et aux services sans fin qu'ils rendent à notre petite communauté, je me demande combien de temps l'un ou l'autre consentirait à rester dans une paroisse où on mesure les services par les recettes à la porte de l'église, comme si le pasteur était l'acteur en chef d'une troupe de théâtre. Ce système doit bien faire souffrir le clergé dévoué, comme il produit certainement la mondanité la plus cynique chez ceux-là de ses membres qui sont endurcis ou indifférents.

Ici encore se révèle l'aimable laisser-aller des Américains. On tourne en ridicule les saltimbanques cléricaux, on s'en moque, et parmi de certaines gens on les méprise ouvertement, et cependant des foules de gens vont les entendre et rire de leurs farces; ils y vont pour prier, et ils y restent pour se moquer. On les applaudit, mais on n'a pas confiance en eux, et certains publicistes américains sont dans le même cas. Au fait, si un homme est très populaire en Amérique, s'il est très applaudi, s'il a beaucoup de partisans et d'auditeurs, vous pouvez le classer deux fois sur quatre parmi ceux dont on se méfie secrètement.

Cet étrange état de choses est confirmé par ce fait : il devient de plus en plus difficile de nommer à la candidature de la présidence des États-Unis un homme vraiment éminent. Depuis les six premiers présidents, à l'exception très notable d'Abraham Lincoln — et même lui, le peuple ne le connaissait pas lors de son élection — on n'a pas élu à la fonction de premier magistrat un seul individu de talent de premier ordre, et plusieurs de ceux qui ont rempli cette place ont été des hommes d'un talent très inférieur, comme, par exemple, Taylor, Buchanan,

Piercé, Polk, Hayes et le premier Harrison. Cependant, après leur élection, quelques-uns de ces présidents se sont montrés tout à coup fort capables.

Une autre cause très palpable de la divergence croissante des classes dans ce pays, c'est la popularité toujours plus grande des écoles privées qui se distinguent des écoles publiques. Il y a un siècle, ou même un demi-siècle, les garçons d'une communauté quelconque, les riches comme les pauvres, allaient à l'école et à l'université ensemble, et ils se connaissaient intimement pendant leur enfance et leur jeunesse. Il y avait moins de jalousies et de soupçons entre les classes, parce que les garçons étaient élevés ensemble, et aussi parce qu'alors il n'y avait pas une aussi grande différence entre les riches et les pauvres. Tout le monde était plus au même niveau. A l'époque de Washington, des deux Adams et de Jefferson, les jeunes garçons étaient élevés de la même façon et dans les mêmes écoles dans tout le pays.

Aujourd'hui, tout cela est changé. Dans les grandes villes les écoles publiques sont suivies presque exclusivement par les enfants des pauvres, tandis que les enfants des riches vont aux écoles privées — quelques-unes de celles-ci sont dirigées sur le plan des grandes écoles publiques d'Angleterre — où les prix et les dépenses d'une année d'école pour un enfant s'élèvent à 2,5oo francs et vont jusqu'à 5,ooo francs.

Ces écoles sont hors de la portée des gens qui jouissent même d'une certaine aisance. Cela porte un coup assez fort à la théorie de l'éducation populaire et frappe même au cœur la théorie républicaine, qui veut que tous aient les mêmes chances d'éducation. Cette aristocratie des écoles privées se méfie de la démocratie des écoles publiques, et la démocratie des écoles publiques soupçonne l'aristocratie des écoles privées et en est souvent jalouse. Elles ne se rencontrent pas, elles ne se connaissent pas, elles ont peu en commun et elles votent l'une contre l'autre.

Un homme honnête et de bonne éducation qui serait le meilleur serviteur possible des pauvres, parce qu'il sait ce qu'eux ne savent pas, et parce qu'il ne voudrait pas les voler ni les tromper volontairement, est souvent exclu du service politique parce que ceux qui devraient être ses électeurs ne le connaissent pas et se méfient de lui principalement parce qu'il n'est pas un des leurs.

Il est peut-être vrai qu'en France, en Angleterre et en Allemagne les riches et les pauvres ne sont pas élevés ensemble — bien moins en France et en Allemagne qu'en Angleterre — mais les différentes classes se connaissent mieux et leurs rapports entre elles ne sont pas gênés et contraints comme ils le sont ici. Ce qui est étrange, c'est qu'elles se rencontrent plus souvent qu'ici sur un rang d'égalité, chaque homme d'après son mérite individuel, sans faire attention au rang, à la position ou à la fortune.

En Allemagne, tous sont élevés ensemble parce que les écoles publiques et les universités, qui sont ouvertes à tous et à très bas prix, sont meilleures que les institutions privées.

Il en est de même en France, et en France comme en Allemagne, tous font leur service militaire côte à côte.

En Angleterre, tous se connaissent dans l'armée et la marine, et ils se rencontrent continuellement à la chasse, au cricket et au football et dans la vie de campagne commune à tant d'Anglais. L'ouvrier anglais lève son chapeau au « squire » du village, mais en réalité il est bien plus familier, plus intime même avec lui que ne l'est le millionnaire américain avec ceux qui occupent la même position autour de lui.

En France spécialement, mais aussi en Angleterre et en Italie, vos domestiques sont vos amis, et quelquefois des amis bien chers ; on ne trouve pas ça ici, où pourtant on pourrait s'y attendre. Ici les maîtres et les domestiques ne prennent pas soin l'un de l'autre, comme moi j'aime à prendre soin de mon vieux François chez nous, et comme il aime à prendre soin de moi, d'une façon différente bien entendu ; ils n'ont aucune affection l'un pour l'autre ; on loue et on se fait louer.

En Europe, il y a un sentiment traditionnel de responsabilité de la part du puissant envers le faible, du riche envers le pauvre. La maison du « squire » est souvent l'hôpital, la banque et l'asile de ces voisins pauvres. D'un autre côté, le millionnaire américain — il y a des exceptions, de notables exceptions même — est le seigneur le plus étourdiment irresponsable que le monde ait connu depuis les jours de la féodalité.

On rit ici des énormes trains de maison menés par les riches Français, Anglais et Autrichiens, mais souvent ils représentent la responsabilité que ces hommes ressentent pour leur entourage et leurs voisins, et ils sont bien plus démocratiques que le luxe gaspilleur des riches Américains et Américaines qui ne reconnaissent aucune responsabilité envers leur entourage et leurs voisins.

On arrive à sentir ici que l'art le plus difficile c'est celui d'être riche, le pays a besoin d'un grand nombre d'universités qui n'enseigneraient que cela. *Beggars mounted run their horse to death.* Ce sont les riches autant que les pauvres qui font de cette république un pays de distinctions de classes, un pays de privilèges, un pays de jalousies sociales et politiques. Les distinctions moins importantes et officielles de classe, de religion, de service, de rang sont en grande partie effacées, il est vrai, mais dans aucun autre pays du monde, on ne trouve la barrière si rudement marquée entre le riche et le pauvre, le maître et le domestique, les travailleurs qui ne se servent pas de leurs mains et ceux qui s'en servent.

En Europe, il y a une grande diversité d'efforts; on travaille pour des buts différents; beaucoup de gens savent quand ils ont assez amassé, et ils abandonnent la course pour vivre contents de ce qu'ils ont.

Il n'en est pas ainsi en Amérique. Le mot « assez » est le plus rare et le moins employé du vocabulaire américain. Il n'y a pas de diversité d'efforts; tous cherchent à faire de l'argent, de l'argent, de l'argent. Cela rend la course rapide et furieuse, et la concurrence et la rivalité amères et pas toujours honorables. L'argent est un tyran ici comme il ne l'est nulle part ailleurs. Les hommes font ici pour l'argent ce que pour l argent ils ne feraient nulle part ailleurs.

En Europe, les hommes se divisent en beaucoup de classes, et chaque classe a ses rivalités et ses concurrences particulières. Ici tous sont dans l'unique et énorme classe des gagneurs d'argent, tous se battent, tous ont peur l'un de l'autre et tous reconnaissent une seule distinction de classe — celle qui existe entre ceux qui possèdent quelque chose et ceux qui ne possèdent rien.

Assurément, avant bien longtemps cet état de choses développera les partis politiques. Jusqu'à maintenant, les hommes se sont divisés en suivant les lignes politiques; bientôt on suivra les lignes sociales; et alors, si je ne me trompe, le baromètre national commencera à descendre vers un point marqué : *Le Déluge*.

Je suis vraiment étonné de moi-même en faisant ces observations. Le climat ici est enivrant, les gens sont optimistes, la richesse matérielle est énorme — l'évaluation actuelle de toute propriété réelle et personnelle dans les États-Unis s'élève à 1,605,925,000,000 francs — et pourtant je ne puis me délivrer de l'impression qu'une autre lutte, même plus féroce, entre ceux qui ont et ceux qui n'ont pas, se montre à peu de distance sur l'horizon.

Je puis voir l'Ouest et le Sud-Ouest chargés

d'hypothèques, affolés par des démagogues qui demandent un changement politique, économique ou financier qui tuera la prospérité.

Je puis voir les capitalistes de l'Est effrayés qui envoient leur argent au Canada, en Angleterre et en Allemagne pour le mettre à l'abri.

Je puis voir les Européens, possédant des valeurs américaines, qui les rejettent en masse sur les bourses américaines.

Je puis voir les jalousies sociales que les Américains ne veulent pas ou ne peuvent pas voir, qui échangent des regards bourrus pour des fusils et des froncements de sourcils pour de la poudre; enfin je puis voir ces soixante-dix millions terrifier le monde dans une lutte à mort acharnée, ce même monde qui retentit encore des cris, des gémissements et des rires de notre propre Révolution. Dieu merci, vous et moi nous ne serons pas là pour la voir! Dieu veuille que ce soit une vision menteuse, et que je sois un faux prophète! Mais à moins que ceux qui ont du savoir et qui réalisent en quelque sorte qu'ils ont de la responsabilité, et la meilleure classe des journaux ne cessent de jouer avec la dynamite des préjugés de classes, il arrivera certainement quelque chose.

Il est vrai que jusqu'à maintenant le ferme bon sens qui se cache sous l'indifférence et l'insouciance de ce peuple s'est toujours montré à l'heure du danger, et a triomphé de tous les obstacles et de toutes les attaques. Mais on fera bien de remarquer que chaque fois l'attaque est plus furieuse que la précédente, l'anarchisme plus franc, et la propagation du mécontentement plus étendue. Aussi longtemps que les questions sociales peuvent se mélanger avec les affaires qui concernent la monnaie et le tarif, les camps rivaux sont eux-mêmes divisés en partis, mais si la bataille s'engage jamais pour tout de bon entre ceux qui voudraient avoir et ceux qui ont, il y a promesse d'un règne de la terreur pour un moment. Après chaque élection, on oublie comme on a eu peur avant. Ce serait une bonne affaire si on pouvait se rappeler sa peur quelque temps après aussi bien qu'avant!

XI

CONCORD, PLYMOUTH ET CAMBRIDGE

Je dois avouer que j'ai été bien désappointé
en visitant Concord et Plymouth. A Concord,
on vous montre les maisons où ont vécu certains grands hommes, les rues où ils se sont
promenés, et dans les environs certains endroits
qui ont marqué les débuts de la guerre de la
Révolution.

Pour l'étranger, dont l'imagination ne s'en-
flamme pas à ces souvenirs, ce n'est qu'un village aride. Les noms d'Emerson et de Thoreau
m'étaient plus ou moins familiers ; mais d'autres, par exemple celui d'un nommé Alcott qui,
m'a-t-on dit, était un grand philosophe, étaient
des noms que je n'avais jamais vus ou entendus.

La position insulaire des Américains se fait fortement sentir dans de tels cas. Il leur manque cette culture qui consiste à faire de fines distinctions. A Concord on fut ouvertement et franchement surpris de ce que je n'avais jamais entendu parler d'Alcott. Mais quand je m'informai de ce qu'il avait écrit, je découvris qu'il n'avait rien écrit du tout; et pourtant on s'attend à ce que l'étranger connaisse les traits distinctifs de cet enfant trouvé littéraire d'une petite ville du Massachusetts. Cela fait penser à une enfant qui dirait à un étranger : « Mais je m'appelle Jeanne; vous ne me connaissez pas? »

Après que le jeune pasteur, assez pompeux, qui nous avait accompagnés lorsque nous avons visité Concord, m'eut raconté en détail les cancans littéraires et politiques de la ville, comme si chaque menu fragment était un lieu commun de discussion en Europe, je ne pus m'empêcher d'être légèrement impertinent. Donc, quand il me demanda quels Américains étaient les mieux connus à l'étranger, on dit toujours ici *abroad*, en parlant de l'Europe, comme si nous étions à l'ancre quelque part près de leurs côtes — je lui dis que les deux noms que j'avais entendus le plus souvent étaient ceux de Marck Twain et de John L. Sullivan.

Il y a un peu de vrai dans cette déclaration, quoique, sans aucun doute, cette discussion de ma part ait ruiné ma réputation à Concord. Mais bien que même Emerson ait eu la sottise de dire qu'Alcott avait l'intelligence la plus fine après Platon, je n'ai jamais entendu parler de lui, et des milliers de Français, d'Allemands et d'Anglais qui ont, certainement, droit à un renom littéraire, n'ont jamais entendu parler de lui; et, bien que Concord déplore nos restrictions intellectuelles, je suis obligé de faire cette confession.

Tout ce que je me souviens distinctement d'avoir vu à Concord, c'est ce jeune fat de pasteur et une statue, vraiment belle, d'un sculpteur nommé French. Je dois au sculpteur d'admettre immédiatement que c'est pour des raisons entièrement différentes que je me souviens de ces deux choses-là.

Je suis allé à Plymouth avec une personne de connaissance sympathique et cultivée, c'est grâce à cela plutôt qu'à Plymouth peut-être que j'ai tant joui du voyage. C'était un savant, un homme du monde, dévoué à son sujet spécial. Il avait voyagé et rencontré des hommes dans toute l'Europe, donc il n'essaya pas de croire qu'on avait négligé mon éducation parce que je ne connaissais pas les distinctions insulaires d'une communauté de province.

Mais, même à Plymouth, le brave monsieur, qui nous accompagna, consacra une bonne partie de la journée à m'expliquer, à moi en particulier, la différence entre les Pèlerins et les Puritains. Il semblait croire que la plupart des perturbations planétaires et beaucoup de complications européennes se calmeraient si on avait toujours présente à l'esprit la différence entre les Pèlerins et les Puritains.

Cet intérêt absorbant dans les affaires du moment et dans celles de sa communauté est un trait américain. Peut-être cela est-il dû à leur isolement des plus grandes affaires du monde ; mais, quelle qu'en soit la cause, la plupart des Américains trouvent qu'il est patriotique de ne rien voir de bon hors de l'Amérique.

On ne tolère pas de critique — excepté la critique politique — même dans les journaux. C'est une belle qualité chez un homme de soutenir ses amis, qu'ils aient raison ou tort, quand ils sont dans la peine ; c'est une belle chose chez un peuple d'une même nation de se tenir autour de son drapeau quand le drapeau est déployé dans la bataille ; mais, assurément, ce n'est pas de la trahison que de critiquer franchement ses amis et sa patrie dans leur prospérité.

Mais ces gens sont affreusement sensitifs comme individus et comme nation. Pour un politicien, c'est un suicide politique que de ne pas proférer continuellement le patriotisme boursouflé le plus absurde; et dans le cas du particulier, s'il ne fait pas quelque chose de ce genre, il acquiert la réputation d'être fastidieux. Cette tendance protège chaque communauté et la nation tout entière d'une façon étroite, qui n'a d'égale qu'en Turquie et en Chine.

On m'a dit qu'il n'y a que vingt-quatre villes dans tout le Massachusetts sans bibliothèque publique gratuite, et qu'il n'y a pas d'enfants à qui on n'offre pas les meilleures chances d'éducation gratuite. Ici, comme pour tant d'autres choses dans la vie américaine, la théorie est excellente, mais les résultats en pratique sont loin d'être ce que celle-ci et d'autres remèdes démocratiques promettent. Il y a des prisons, des criminels, des asiles d'aliénés, des ivrognes, des cités ouvrières et des tripotages politiques dans le Massachusetts comme il y en a en France, en Angleterre et en Italie, et sans doute dans à peu près la même proportion au nombre des habitants.

Quant aux villes de province, je n'ai jamais vu nulle part, excepté en Italie, d'aussi grands nombres de jeunes hommes et de jeunes garçons oisifs. On les voit à toutes les gares, à tous les coins de rue, et, à moins que ce soient des philosophes transcendantaux à la recherche d'épigrammes, comme mon jeune ami le pasteur de Concord voudrait me le faire croire, ils font probablement des sottises comme les autres oisifs des pays où il y a moins de bibliothèques et moins d'écoles gratuites.

Les Américains qui ont beaucoup voyagé m'ont souvent dit combien ils ont été étonnés en France, en Angleterre et en Allemagne, de voir que les habitants des villes de l'intérieur connaissent si peu l'univers qui les entoure, mais ici cette indifférence prend une forme tout autre, et pire.

A Concord, et à Plymouth et dans d'autres villes, sans même excepter Boston, on est complètement satisfait du peu que l'on sait, et on se croit tranquillement les communautés idéales du monde, vers lesquelles les communautés ignorantes du reste du monde tâchent d'avancer ; si cela n'était pas si triste, ce serait excessivement ridicule.

Voilà un grand État où il n'y a que vingt-quatre villages qui manquent de bibliothèques publiques et dans lequel se trouve la plus grande université des États-Unis, et, pendant les vingt-cinq dernières années, on n'y a pas écrit un seul livre qui ait été bien accueilli par le monde entier, comme l'ont été les écrits de Longfellow, de Lowell, d'Émerson et de Whittier. En vérité, depuis la mort de Webster, de Sumner et d'Andrew, cette communauté n'a pas produit une seule intelligence de premier ordre à moins que ce ne soit peut-être l'archevêque actuel de l'État[1].

On dit souvent en Amérique que le grand avantage qu'ont les Américains sur le reste du monde, c'est qu'ils n'ont ni traditions, ni préjugés pour arrêter leurs progrès. D'autre part, on oublie toujours leur étroit attachement à leurs propres théories, quel qu'en soit le résultat en pratique.

La théorie de l'éducation universelle prescrite par la loi est une bonne théorie, mais en pratique elle n'a pas produit un nombre exceptionnel de savants, elle n'a pas diminué le nombre des dépendants et des délinquants, et elle n'a pas purifié la politique. La théorie des bulletins pour le transport des bagages, est une bonne théorie et paraît très commode; en pratique, elle retarde l'arrivée des bagages, elle fait manquer aux voyageurs leur correspondance, et en fin de compte elle est ruineuse. La théorie de beaucoup d'arrangements mécaniques pour les relations personnelles, comme la machine à

1. Ceci a été écrit avant la mort de l'archevêque Brocks.

écrire, le microphone, la sténographie et le téléphone, est une bonne théorie; mais en pratique, elle ne peut se comparer au service personnel de l'Europe.

La théorie de l'égalité politique de tous les hommes est une bonne théorie, et, disons-le en sa faveur, elle a détruit une certaine servilité de la basse classe envers la haute classe; mais en pratique elle a banni les bonnes manières et l'obéissance dans toutes les classes, et elle a mis le gouvernement de New-York, de Chicago, de Philadelphie et d'autres villes dans les mains d'hommes indifférents et sans principes qui ne cherchent qu'à faire de l'argent. La théorie du vote par tête paraît bonne, mais, chose étrange, dans chaque élection présidentielle, il n'existe rien de pareil. Dans chaque État, chaque électeur vote non pas pour un seul candidat, mais il vote en bloc pour un certain nombre d'électeurs choisis par l'État. Ainsi chaque électeur de l'État de New-York vote pour trente-six électeurs du Président, tandis que dans les plus petits États, naturellement le vote de chaque électeur a moins de valeur.

Il est vrai que les gens ne sont pas aveuglés par ces préjugés, mais ils sont ivres de théories que leur manque d'expérience internationale les rend incapables de critiquer. Je suis heureux de

8.

dire que j'ai écrit ce qui précède avant d'aller visiter l'Université de Harvard. Car, une fois là, on me dit que le reste du pays regarde l'Université de Harvard comme une serre chaude de conservatisme politique. Mais cela me semble aussi dû à une théorie avec la mauvaise pratique qui s'y attache.

La théorie de ce pays est la libre parole et la libre pensée, mais en pratique les deux sont muselées. Il y a ici et ailleurs des hommes qui, parce qu'ils ne sont pas des mercenaires politiques et parce qu'ils écrivent et disent ce qu'ils croient sans s'inquiéter si cela augmentera ou non leur popularité personnelle, en mettant ainsi en pratique la théorie nationale, sont durement critiqués, ridiculisés et attaqués par presque tous les journaux du pays.

Quand ses ancêtres, ou quelques-uns d'entre eux, sont morts pour la libre pensée et la libre parole, un homme a une bonne place dans son cœur pour toute institution qui insiste sur ce privilège, qu'il soit entièrement d'accord ou non avec ce qu'on pense et ce qu'on dit.

J'ai vu ici les choses curieuses que l'on visite généralement. Dans la magnifique salle construite en commémoration des hommes qui tombèrent dans la guerre de 1861-65, j'ai vu six ou sept cents étudiants dont les ancêtres

ont combattu pour la suppression de l'esclavage qui dînaient ensemble, servis par des
nègres.

Je suis allé à une conférence sur les beaux-arts
et à une autre sur la langue anglaise; cette dernière m'a fort intéressé, le sujet étant traité
d'une façon toute nouvelle. Un matin je me suis
levé de bonne heure, et j'ai assisté aux prières à
la chapelle. Jusqu'à tout dernièrement, il était
obligatoire d'y assister, maintenant c'est facul-
tatif. L'assistance n'était pas nombreuse, et on
me dit que la plupart de ceux qui étaient là se
préparaient à des concours athlétiques, et le
régime qu'ils suivaient les forçaient à se lever de
bonne heure. Avec l'ingénuité américaine ordinaire, on se sert des prières pour faire observer
cette loi athlétique, car de la sorte ceux qui
s'occupent de ces rameurs et de ces joueurs de
foot-ball voient facilement si leurs hommes se
lèvent à l'heure qu'il faut. L'Université a un
aumônier officiel, mais des pasteurs de différentes sectes se chargent tour à tour des affaires
religieuses, et quand c'est le tour de l'un de
ceux-ci, on me dit qu'il y a plus d'étudiants qui
assistent aux services.

Quelques-uns des bâtiments nouveaux sont
beaux et riches, mais les plus vieux dans ce
qu'on appelle la « cour du collège » ne peuvent

être comparés aux bâtiments des divers collèges des universités anglaises.

On ne reçoit ici que modérément, et ce n'est qu'ici et là qu'un professeur qui a, ou dont la femme a de l'argent, peut recevoir du monde d'une façon régulière. Les salaires sont plus élevés que dans les universités françaises et allemandes, mais ils sont loin d'être aussi élevés que ceux des directeurs des collèges en Angleterre.

Le président est un homme d'apparence admirable et de langage distingué qui jouit de cette popularité paradoxale mais des plus sincères, la popularité de l'homme impopulaire. On a confiance en lui sans l'aimer; tandis que, à moins que mes impressions me trompent, la majorité des idoles populaires de l'Amérique sont des hommes que l'on applaudit sans se fier à eux.

J'ai fait la connaissance de quelques étudiants, et si je puis me permettre une généralisation vaste, et, je dois l'avouer, rapide, je dirai qu'il y a moins d'hommes ici qui ont la culture étendue des universités de l'Europe, mais peut-être y en a-t-il plus qui se sont consacrés à des spécialités, particulièrement les spécialités de la science.

On pourrait croire qu'il y aurait beaucoup de relations entre les hommes des universités, professeurs et étudiants, et les habitants de Boston, mais on me dit qu'il y en a comparativement peu. Bien des Bostoniens sont des gradués de cette université, et beaucoup y ont des fils, mais, soit à cause du provincialisme du beau monde de Boston, ou à cause du manque d'entreprise sociale de part et d'autre, le bien auquel on pourrait s'attendre comme résultat du voisinage d'une grande université et d'une grande ville ne se produit pas.

Harvard, qui prend ses étudiants dans toute l'Amérique, ne vaut pas Boston au point de vue social ; et Boston, qui prend son beau monde d'année en année dans les rangs des nouveaux riches, ne vaut pas Harvard au point de vue intellectuel. Quelle qu'en soit la raison, la chose reste la même, et c'est une autre indication de l'étroitesse d'une grande partie de la vie sociale et intellectuelle ici.

XII

VOYAGE A L'AMÉRICAINE

En quittant Boston, j'ai fait la connaissance des wagons-lits américains. Pendant ce voyage de nuit, j'ai remarqué plus que jamais les effets démoralisateurs de la théorie démocratique quand on la met en pratique.

Les wagons américains sont longs et étroits, avec un long passage au milieu, d'une partie à l'autre, et des banquettes de chaque côté. Un wagon ordinaire peut contenir environ quatre-vingts personnes, et un wagon Pullman où les places sont plus chères en contient un peu moins. Je suis resté pendant une heure ou deux dans un wagon ordinaire où le billet de chemin de fer donne droit à une place ; dans les autres on paie un surplus. Comme il n'y a pas de compartiments, on n'est jamais tranquille. Le conducteur va et vient, claquant les portes à chaque bout du wagon en entrant et en sortant. La tête d'un autre employé se présente de temps en temps et crie le nom des stations, puis, lui aussi, claque la porte. Un démon d'origine infernale se promène tout le long du passage et offre des journaux, des revues, des fruits, de la « chewing-gum », des flacons de sel, des cigares, des bonbons (qu'il appelle « candy »), en criant à tue-tête. Il jette sur vos genoux des paquets de « chewing-gum », des boîtes de bonbons, des livres brochés ; il les y laisse un moment, puis il revient et les ramasse. Apparemment il n'y a aucun remède contre les impertinences de ce jeune garçon. Aux vieillards il donne de la « chewing-gum », aux mères de famille des journaux de sport, aux jeunes filles des romans de Zola ou de Paul de Koch, et si cela lui passe par la tête, il dépose entre les mains des bonnes d'enfants des pommes, des noisettes ou des bonbons, ce qui amène des cris quand il revient les chercher.

Cette place qui demande le discernement d'un Ulysse est remplie par un jeune Pâris, simple donneur de pommes, qui, par sa distribution insouciante de mauvaise littérature et de sucreries destructives, débauche l'esprit, dérange la digestion d'un grand nombre d'innocents voyageurs.

Mais je m'arrête de nouveau pour exprimer mon étonnement à la pensée que j'ai l'audace d'essayer de décrire ces étranges Américains, même à ma sœur. Il n'est pas un autre peuple qui supporterait en voyage un pareil ennui. Aussi oppressé que soit un Arménien, il tuerait un Turc si ce Turc se permettait de le torturer de la sorte ; un Chinois même se révolterait et étranglerait un conquérant japonais qui essaierait de le taquiner ainsi, heure par heure, lieue par lieue, pendant tout un voyage.

Ces braves Américains paient à la Compagnie des chemins de fer une bonne somme pour leur transport ; puis ils se laissent mettre dans une cage avec un singe en uniforme qui fourre sous leur nez des paniers de pommes polies à la salive, qui jette sur leurs genoux de la littérature sans valeur, qui offre à leurs enfants un vrai supplice de Tantale, au moyen de bonbons indigestes, et qui crie son menu d'une voix nasillarde dans leurs oreilles depuis le commencement du voyage jusqu'à la fin. Je le répète, qui peut comprendre un tel peuple, qui peut le faire comprendre à ceux qui ne l'ont pas vu chez lui ?

Ces wagons sont une illustration typique de

la démocratie mise en pratique. Ici enfin la théorie est à l'œuvre et peut être inspectée. Dans mon wagon il y a cent voyageurs ; ils ont tous payé le même prix, ils voyagent à la même vitesse, ils sont traités de la même façon. Toutes les places se valent. Salomon et Le Baudy, Socrate et Smindyride, saint François et Hippoclide, le sage et le fou, le philosophe et le débauché, le saint et le sensualiste, ils sont ici tous ensemble, chacun l'égal de son voisin, chacun traité exactement comme tous les autres, et maintenant, comment cela nous plaît-il ?

Je suis républicain, chez nous on m'appelle le plus rouge des rouges, et pourtant cela ne me plaît pas. Cela ne me plaît pas parce que chacun est nécessairement abaissé, en tout cas quant à l'incommodité, au niveau du plus bas. Un Allemand — je le reconnais par le « Also, auf Wiedersehen » qu'il lance à son ami au départ du train — enlève ses bottines, appuie ses pieds, ainsi déchaussés, sur le bas de la banquette, enfonce la tête dans un coin de la fenêtre près de lui, puis il s'endort et il ronfle.

A une demi-douzaine de banquettes de moi se trouve une femme avec un bébé. Le bébé récemment arrivé du ciel est sans aucun doute un aristocrate. Le conducteur, l'autre employé et le singe du train claquent les portes et arrachent au bébé des cris de terreur. Il gémit, il pleure, il crie. Je plains la mère, assurément, mais comme je n'ai pas la compensation consolante de voir et d'entendre les gazouillements, les roucoulements et les sourires du bébé, je ne vois pas pourquoi ce bébé-là prendrait mes nerfs pour les cordes d'une cithare sur lesquelles il jouerait comme une espèce d'automate mû par l'électricité. Moi aussi j'ai une fois parlé d'égalité et même quelquefois de fraternité, mais maintenant que je suis prisonnier dans cette longue cage d'égalité, chauffée à suffoquer — ce n'est pas étonnant que le catarrhe, la pneumonie et la consomption fassent ici tant de ravages — qui court dans l'espace, emportée par la vapeur, cette force qui ne fait pas de distinction, je dois avouer que cela ne me plaît pas.

Il y a peut-être un saint dans ce wagon, mais que peut sa sainteté contre les maux de cette atmosphère malsaine et surchauffée? Il y a peut-être un sage dans ce wagon, mais que peuvent faire ses calmes réflexions pour compenser ces cris d'enfant? Il y a peut-être un philosophe à quelques mètres de moi, mais comment peut-il préserver l'innocent contre les avances perfides de ce pourvoyeur de pertes littéraires et sucrées?

L'égalité ainsi comprise ne signifie-t-elle pas simplement le niveau du plus bas? « Oh! répond-on, aucun homme de réflexion ne suppose un seul instant que l'égalité signifie, plus que l'égalité politique, l'égalité devant la loi. « Mais, dites-moi, je vous prie, ce que cette égalité présage. Les masses n'ont-elles pas en main le pouvoir de changer cette nation en une compagnie comme celle que je viens de décrire? N'est-ce pas là le résultat probable de la démocratie portée à son plus haut point? La médiocrité inquiète et jalouse gémit de tous les succès, parce que le champ de génie se rétrécit sans cesse à ses faibles yeux.

Quelle ne peut être, sur le nivellement à la hauteur du plus faible, l'influence d'un impôt sur les revenus, les corporations, les chemins de fer, les grandes compagnies commerciales? Et pourquoi ces électeurs jaloux et mécontents ne pourraient-ils pas amener un état de choses où la finesse commerciale, le talent inventif, le placement avantageux de son surplus deviendraient stériles? Je ne vois pas ce qui les en empêcherait. La constitution même est sujette aux amendements dans de certaines conditions, et rien d'autre ne peut leur barrer le chemin.

Ce wagon, plein de souverains surchauffés, chacun le sceptre du vote à la main, me fit frémir. J'admets cela franchement, parce que si mes critiques rient de moi, ils doivent en faire autant vis-à-vis de ce grand nombre de financiers américains qui ont placé de fortes sommes en Angleterre pendant la guerre de Sécession, et vis-à-vis de beaucoup d'autres qui, dernièrement, ont, une ou deux fois, pendant une panique financière, envoyé de grandes sommes d'argent à des banques canadiennes, ou ont caché leur or. Je ne suis pas le seul à imaginer des désastres possibles, mais je suis le seul qui n'ait aucune raison pour ne pas confesser ce qu'il pense.

Je trouve, en général, que la plupart des Américains ne s'inquiètent guère d'un tel sujet de discussion. La richesse immense du pays, les progrès étonnants du siècle dernier, et la terrible tension de la guerre de la Rébellion supportée avec tant de succès, tout cela leur donne confiance et espérance. Et puis c'est un peuple qui ne s'intéresse pas sérieusement aux graves problèmes de la vie.

Ce wagon plein de gens est aussi une image d'un autre trait de cette civilisation : l'aversion pour la solitude et l'amour de la publicité. J'eus un jour l'audace de demander à un certain rédacteur pourquoi les gens permettaient à son journal de publier leurs noms continuellement. Il me regarda comme un chat à qui on demanderait pourquoi les souris ne viennent pas s'installer à côté de lui sur le tapis devant le feu.

« Je reçois, me dit-il, des centaines de lettres, anonymes ou signées, me racontant que celui-ci ou celui-là a participé à telle ou telle fête, ou a assisté à telle ou telle fonction ! Je ne dirai pas que tous, mais bien la plupart des gens, aiment voir leur nom imprimé, et il en est qui sont blessés si leur nom est omis quand ils pensent qu'il aurait dû être inséré. Il est bien connu que des hommes et des femmes dans cette ville même, continua-t-il, envoient aux journaux, sous le voile de l'anonymat, des flatteries et des cancans, soit sur eux-mêmes, soit sur leurs amis ou leurs parents qu'ils essaient d'aider à monter l'échelle sociale. »

Ce long wagon contenait beaucoup de gens qui jouissaient largement de cet entourage serré d'étrangers. Beaucoup d'hôtels n'ont pas de salons privés, et on s'attend à ce que les gens fréquentent les salles publiques.; il faut dire que c'est ce qu'on préfère généralement. J'ai été à une petite auberge dans l'État de Nébraska où nous étions tous obligés de descendre de nos chambres pour accomplir en bas nos ablutions.

Les grands hôtels d'été, dont je parlerai plus tard, offrent à peine plus de solitude qu'une ruche d'abeilles, et on aime les salons, les vérandas et les salles à manger parce que là tout le monde se touche et se rencontre.

J'ai été surpris de voir qu'ici beaucoup de gens qui ont les moyens d'avoir des maisons à eux préfèrent de beaucoup ce qu'on appelle la « vie d'hôtel » ; ils demeurent, de leur propre choix, dans des hôtels et des pensions. Il y a plus de vie, plus de mouvement, plus de variété, on voit plus de gens, on est moins abandonné à soi-même, et beaucoup d'Américains, hommes et femmes, préfèrent cela.

Je n'oublierai jamais mon aventure chez le Président à Washington, lors de ma première visite en Amérique. J'y fus conduit par un membre du Sénat. En bas, dans l'antichambre, nous rencontrâmes une négresse qui était l'une des domestiques. Elle me demanda si j'aimerais voir le Président ; naturellement je répondis que « oui ». Là-dessus je la suivis en haut ; elle frappa à une porte, l'ouvrit, et, à ma stupéfaction, je me vis en face du Président lui-même, sans excuse ni invitation.

On ne me jeta pas par la fenêtre, on m'invita à m'asseoir, et nous causâmes, le Président Hayes et moi ; c'est là que mon estimable ami le sénateur me trouva quelques instants après. Peut-être ce président-là avait-il son genre spécial d'arrangements domestiques, mais je ne pus m'empêcher de me demander comment on pouvait prendre de telles intrusions pour autre chose qu'un vol insolent du temps et de l'énergie du peuple représenté par son premier magistrat.

Cependant on me dit que les gens se fâchent contre tout fonctionnaire qui essaie de s'enfermer, ou qui place des barrières entre le public et lui. Je me demande comment les fonctionnaires publics, qui ont beaucoup à faire peuvent arriver à accomplir leur tâche. J'ai proposé, avec impertinence peut-être, que chaque fonctionnaire public soit enfermé dans une sorte de cellule transparente, de sorte qu'on puisse le regarder tant qu'on veut sans l'interrompre.

Quand je retournai dans mon wagon après mon séjour dans l'autre, je vis une scène très animée. Un domestique nègre accomplissait un miracle : il soulevait le plancher du wagon, il abaissait le plafond, et de divers coins sombres il sortait des rideaux, des oreillers et des draps, des couvertures et des matelas ; puis, avec beaucoup de rapidité et de dextérité, il transforma le wagon en une série de compartiments séparés par des rideaux. Il écarta mon rideau en souriant et je découvris un lit, et au-dessus un autre lit ; ce dernier était occupé, et par une femme, s'il vous plaît ! Il s'excusa là-dessus en disant que le wagon était plein, et plus tard, en causant avec lui, j'appris que généralement on s'arrange pour que rien que des hommes ou rien

que des femmes soient derrière la même paire
de rideaux.

Enfin je me couchai après avoir eu assez de
peine à me déshabiller, et bien que l'air fût lourd,
je dormis bien. Le matin, il y eut une scène de
confusion indescriptible : des hommes, des
femmes, des enfants, ébouriffés et à moitié
habillés, sortaient de temps en temps de derrière
les rideaux et allaient les uns à un bout du
wagon, les autres à l'autre; là on faisait sa toilette dans un très petit compartiment. Tout le
monde était de bonne humeur; nous nous
sommes brossé les cheveux, rincé la bouche, et
lavé les mains en toute innocence, fraternité et
égalité, et, il faut le dire, avec le savon et l'eau
fournis à tous également par la compagnie du
chemin de fer.

Comme par magie, sous les mains du prestidigitateur nègre, le plancher et le plafond s'ou-
vrent, les lits disparaissent et nous voilà de
nouveau sur nos banquettes. Dans quelques-uns
des trains où on fait de longs voyages, jour et
nuit, il y a des bibliothèques, des pianos, des
fumoirs, des coiffeurs et des wagons-restaurants,
et je ne dois pas oublier de mentionner les
machines à écrire — sont-ils affairés, ces gens-là!

Les trains d'émigrants ont des wagons qui
valent les anciennes voitures de quatrième classe

en Allemagne. Les gens qui voyagent dans des wagons moins somptueux descendent à une station de temps en temps et avalent un morceau à la hâte.

J'aimerais bien pouvoir disséquer un voyageur qui, à l'une de ces stations, en sept minutes d'après ma montre, a mangé deux assiettées d'huîtres, quatre pains fourrés au jambon, un grand morceau de tarte qui avait l'air d'être pleine d'insectes — « mince-pie », l'appelle-t-on — qui a bu un verre de bière et deux tasses de café au lait, et qui est retourné dans le train en emportant deux « doughnuts » et une pomme — une « doughnut » est faite en pâte sucrée, tressée, et frite au saindoux. Dieu ait pitié de sa femme et de ses enfants, s'ils l'accompagnent, quand il entreprendra de digérer tout cela! Ce n'est pas étonnant qu'il soit jaune et maigre! Ce n'est pas étonnant que l'aristocratie sociale se recrute dans plus d'un cas parmi ceux qui se sont enrichis en vendant des médecines brevetées!

XIII

LA ZONE NOIRE

Si ce n'était qu'il y a un nègre pour huit blancs dans les États-Unis, les wagons-lits pourraient résoudre le problème des races. L'emploi des nègres dans ce genre d'occupation est assurément bien adapté aux nègres et bien utile aux blancs. Le nègre est adroit, généralement de bonne humeur et obligeant, et une petite somme d'argent le rend obséquieux.

Mais mes visites à Washington, à Norfolk et à un ou deux autres endroits du Sud m'ont montré combien est gravé ici ce problème dont nous faisons si peu de cas, et dont même nous entendons si peu parler en Europe.

Dans les quatre États de la Virginie, de la Caroline du Sud et de la Géorgie, la population blanche était, en 1870, de 2,319,152; en 1890, elle s'est élevée jusqu'à 3,515,569. Dans ces mêmes quatre États, la population nègre était en 1870 de 1,865,447; en 1890, elle s'était élevée jusqu'à 2,744,285. Dans les quatre États de Tennessee, d'Alabama, de Mississippi et de la Louisiane, et les quatre États nommés plus haut, qui forment tous ensemble ce qu'on appelle la Zone Noire, la population blanche est de 5,658,517, la population nègre de 5,155,124, et, de la façon dont la population s'est accrue par le passé, les nègres dépasseront bientôt les blancs, s'ils ne le font déjà maintenant, car les nombres ci-dessus datent de 1890.

Dans les trois États de Mississippi, de la Louisiane et de la Caroline du Sud, les nègres dépassent déjà les blancs d'un demi-million.

« Mais, demandera-t-on, pourquoi la proportion toujours croissante des nègres menacerait-elle la prospérité politique de cette grande démocratie? » Pour la même raison qui donne à d'autres problèmes des proportions si effrayantes, parce qu'ici on essaie d'être une démocratie sans être une démocratie. Ces huit millions d'esclaves ont été libérés, puis, par une arrière-pensée politique, on leur a donné le suffrage à une époque où environ quatre-vingt-dix pour cent étaient illettrés.

C'est le grand Président Lincoln lui-même qui a dit, rien qu'un an avant que la guerre éclatât entre le Nord et le Sud : « Ce n'est pas, et ce n'a jamais été mon avis d'établir, en quelque forme que ce soit, l'égalité sociale et politique de la race blanche et de la noire. Il y a entre elles une différence physique qui s'oppose à ce qu'elles vivent ensemble sur un pied d'égalité sociale et politique. Et, puisqu'elles ne peuvent vivre ainsi, aussi longtemps qu'elles sont ensemble il faut qu'il y ait les supérieurs et les inférieurs, et moi, comme tout autre, je suis d'avis que les blancs soient les supérieurs. »

Le trait caractéristique de ce grand homme d'État américain, c'était le sens commun porté au degré du génie politique, et dans les quelques mots que je viens de citer, on lit en réalité le sentiment universel sur ce sujet des Américains réfléchis. C'était une erreur de donner à ces gens le droit de voter, et une erreur qui a coûté, et qui probablement coûtera encore bien cher au peuple américain.

Les sentiments différaient évidemment dans les diverses sections des États-Unis au sujet des nègres esclaves, mais tous s'entendent à les considérer comme des inférieurs. A Boston, le nègre est mis à l'index autant qu'à Norfolk. Presque cinquante-sept pour cent des nègres sont illettrés en ce moment, et même cela, me dit-on, est au-dessous de la vérité, car dans certains États il faut savoir lire pour voter, et tous ont l'ambition de faire croire qu'ils savent lire, donc le travail du statisticien est assez difficile.

Sur le nombre total des prisonniers dans les États-Unis, 57,310 sont des blancs, et 24,277, des nègres. Bref, les noirs sont dans la proportion de presque un sur neuf de la population, mais de presque un sur deux des criminels. Ces nombres ne comprennent pas ceux qui sont punis sans que la loi s'en mêle.

On pourrait croire d'après ces nombres que je me propose la mise en accusation des nègres. Au contraire, j'aime les nègres, d'après ce que j'en ai vu en Amérique. Nous autres, Européens, nous n'avons pas cette antipathie pour le nègre qui est si répandue ici, et, je dois le dire, autant au Nord qu'au Sud.

Un nègre, dans un des États du Nord, ne pourrait pas plus se faire recevoir dans un club de première classe ou dans un hôtel de premier rang, qu'à la table d'un planteur du Sud. J'ai remarqué que l'égalité dans ce cas comme dans bien d'autres est fort belle en théorie, mais en pratique on admet qu'elle serait absurde. Dans la Virginie il y a des compartiments séparés dans les bateaux pour les blancs et les noirs; et dans bien des endroits on ne permet pas aux nègres de voyager dans les mêmes wagons que les blancs; n'oublions pas, à propos de cela, qu'il y a environ trente ans que la guerre est finie.

Les hommes nés au commencement de la guerre sont maintenant des hommes d'âge mûr qui n'ont jamais vu l'esclavage et qui ne peuvent avoir des sentiments amers sur ce sujet que par le fil léger de l'héritage ou de la tradition, et pourtant ces hommes ont envers les nègres moins de bon vouloir et plus de mépris que leurs ancêtres.

Rappelez-vous, je vous prie, que je ne donne pas ces impressions d'après ce que j'ai entendu dire aux hommes politiques, ou d'après ce qui a été pour ainsi dire prononcé à mon intention. Personne ne me croyait autre chose qu'un Français occupé d'une affaire diplomatique, et on ne parlait ni à moi ni à d'autres devant moi, comme s'il avait été nécessaire de m'instruire ou de m'influencer. Que ces pages de mon journal vinssent jamais à être imprimées, nul ne s'en doutait, pas plus que je ne m'en doutais moi-même, et cela, au lieu d'être un désavantage, m'a été au contraire d'un avantage positif; si mon journal offre le moindre intérêt, ce sera justement parce que je ne faisais en Amérique qu'un voyage d'agrément, sans être soupçonné par personne ni même par moi-même de devenir critique un jour.

Un grand planteur me dit en se promenant à cheval avec moi dans ses champs : « La grande erreur que font les gens du Nord, c'est de croire qu'ils ont libéré les nègres. Ce ne sont pas les nègres qu'ils ont libérés, mais bien nous! » Il voulait dire par là qu'il n'avait plus la responsabilité d'autrefois, et il semblait être plus heureux sans cette responsabilité.

Dans les clubs, les hôtels et les maisons particulières, je répétai continuellement cette question : « Regrettez-vous l'émancipation des esclaves? » Chaque fois sans exception la réponse a été un « Non! » vigoureux. Les seuls individus qui m'aient dit qu'ils regrettaient l'abolition de l'esclavage, c'étaient des nègres. Ce sont de vrais enfants comme intelligence et morale, et beaucoup de ceux qui ont été esclaves et qui sont libres maintenant, préféreraient sans doute rejeter les responsabilités de la vie sur les épaules d'un maître.

Même dans une grande ville comme Norfolk, les nègres conservent leurs anciennes coutumes. Ils viennent dans les maisons comme domestiques, mais ils retournent le soir coucher dans leurs cases et leurs petites maisons, et ils considèrent comme leur droit d'emporter chez eux chaque soir un panier de pièces et de morceaux de toutes sortes qu'ils ramassent dans la cuisine, et on vous donne à croire que souvent il y a plus que des pièces et des morceaux.

Les petits vols, les petits mensonges et la vie en libre grâce ou comme les oiseaux, tout cela ne se compte pas comme un péché, bien que leur enthousiasme religieux dans leurs réunions soit plus violent que quoi que ce soit que j'aie jamais vu ailleurs. On raconte qu'une négresse a été très blessée parce qu'on l'a renvoyée pour avoir volé une robe de sa maîtresse, quand elle avait donné comme excuse qu'elle voulait la porter à son baptême! Elle a sans doute trouvé que sa maîtresse manquait entièrement de vraie piété.

J'espère n'avoir pas trop parlé des plaisirs de la table en Amérique, mais ce serait simplement une moquerie de la réalité que de ne pas faire remarquer le poulet rôti, les gaufres, l'alose, les œufs d'alose (un morceau délicieux), le pain de maïs, les *reed birds*, le *terrapin*, les variétés de canards les plus délicates, les rouges-gorges grillés, les jambons fumés, la variété des gâteaux et des petits pains chauds, les melons, les pêches et les fraises de ce vrai pays de Brillat-Savarin.

Je ne voudrais pas non plus publier ces pages sans parler de l'hospitalité charmante et sans bornes de mes hôtes du Sud et des amis de mes hôtes. Je ne sais pas grand'chose de leurs erreurs et de leurs épreuves passées, mais ce que je sais par expérience, c'est qu'ils sont maintenant on ne peut plus généreux et affables. A l'occasion, on entend une femme veuve et sans enfants parler assez amèrement du passé, mais qui ne pourrait le lui pardonner?

Il y a bien plus de haine entre les Français et les Allemands, et même entre les Français et les Anglais, qu'entre les gens du Sud et ceux du Nord. Il semble y avoir ce sentiment : « Nous nous sommes bien battus et nous avons été défaits; maintenant, n'en parlons plus. »

Si on me permet de dire un mot dans cette controverse de famille assez délicate, je dirai ceci : l'homme politique du Nord du genre petit et sans conscience a fait plus que personne depuis la guerre pour conserver l'irritation. Il tire profit d'une certaine quantité de sentiment régional, et par conséquent il ne cherche pas à le calmer. Il sait aussi bien que l'homme du Sud que ce serait la ruine que de donner au nègre le suffrage sans contrôle — dans plusieurs États, immédiatement après la guerre ce fut la cause de la ruine — et pourtant il se plaint à qui veut l'entendre qu'on ne compte pas le vote des nègres.

Dans le District de Columbia, le nègre ne vote pas, et plusieurs sénateurs fédéraux du Nord ont voté que le nègre soit privé de ses droits politiques, et pas un d'eux ne songe à souhaiter maintenant qu'il en soit autrement ; donc ce doit être une marque d'hypocrisie que de faire tant de cas de ce que le vote des nègres ne compte pas au Sud. On ne le compte pas, et on ne devrait pas le compter ; si on le comptait, cela amènerait maintenant comme autrefois la banqueroute et la ruine du commerce. L'erreur a été commise, et au Sud on met une mauvaise théorie en pratique de la meilleure façon possible, et si on essayait de faire autre chose ce serait la ruine des blancs comme des nègres.

Il y a de notables exceptions, mais encore aujourd'hui les nègres sont sans ressources, sans soin, d'un bon naturel et imprévoyants. Leur code de morale est entièrement différent de celui des blancs civilisés, soit en Europe, soit en Amérique. Leur angle facial est de soixante-dix degrés, celui des blancs est de quatre-vingt-deux ; leur morale est celle des oiseaux. Saint-Domingue, la Libéria, la Caroline du Sud et l'Alabama — à la fin de la guerre, quand les nègres avaient de l'autorité en politique — montrent d'une manière concluante leur incapacité de se gouverner eux-mêmes ; comme des enfants mal élevés, la liberté en a rendu quelques-uns arrogants et enclins à se faufiler là où on ne les veut pas.

Ces faits étant vrais, il me semble que les Méridionaux devraient se féliciter, et que tous les Américains devraient se réjouir de ce que ces millions de nègres du Sud vivent au milieu de leurs frères blancs dans un tel état de paix et de sécurité.

La loi de Lynch et la condamnation à mort des nègres par le feu, et d'autres cruautés atroces, sont des punitions qui ne s'appliquent que pour des crimes qu'on ne peut nommer. A Londres, à Paris et à Berlin, la loi est chose bien différente ; dans le Texas, qui a à peu près la même étendue que l'Europe, et dans d'autres États du Sud, une prompte justice légale est presque impossible sans une armée permanente de police.

Songez à vos femmes, à vos sœurs et à vos petites filles ; rappelez-vous que vous n'êtes pas à Paris, à Lyon ou à Marseille, mais dans un désert peu peuplé, et voyez si vos yeux ne chercheront pas d'instinct votre fusil ou votre pistolet ! Rappelez-vous que ces Méridionaux sont des Saxons et des Huguenots, loin de chez eux depuis cent ou deux cents ans, et en ceci comme en bien d'autres pénibles affaires de la vie, peut-être que comprendre c'est pardonner.

XIV

L'IMPRÉVOYANCE

C'est plus spécialement au Sud, bien que cela
s'applique au pays tout entier, qu'on est choqué
de voir le gaspillage des Américains.

Dans une certaine maison de Baltimore, on
m'a permis d'aller à la cuisine. Il doit y avoir eu
une douzaine, peut-être une vingtaine de nègres
dans ces chambres d'en bas. Je demandai à mon
hôtesse s'il lui était nécessaire d'avoir tant de
domestiques. « Oh! ils ne sont pas tous mes
domestiques, me répondit-elle; mais il y a toujours une masse de flâneurs dans la cuisine! » Je
pouvais me représenter l'horreur de ma sœur et
de ma mère, si un pareil spectacle frappait leurs
yeux en descendant à leur cuisine, mais mon
hôtesse le prit de la meilleure humeur possible,

et répondit aux sourires et aux rangées resplen-
dissantes de dents blanches, qui la reçurent dans
sa cuisine, par des mots gracieux et d'aimables
signes de tête.

C'est dommage que la plupart des domestiques en Amérique soient des Irlandais et des
nègres, les deux races les plus gaspilleuses et
les plus dépensières que nous connaissions, et
d'une religion différente de celle de leurs maîtres.
Un des plus vieux employés du restaurant le
plus fameux de New-York me dit qu'il y a vingt
ans, avant qu'il existât autant de restaurants et
d'hôtels bien dirigés, dans leur établissement,
avec des cuisiniers français et des domestiques
européens, ils épargnèrent tant de choses que
d'autres propriétaires américains du même
genre jetaient de côté, que leurs bénéfices, rien
que sur ce gaspillage, leur permirent pendant de
longues années de se tenir au-dessus de toute
rivalité. « Nous faisions des plats avec ce que nos
voisins auraient jeté, et même des plats pour
lesquels des gens de tous les coins du pays
venaient exprès à ce restaurant historique. »
C'est un Français qui m'a dit cela et je le crois.

Bien entendu, il ne m'a pas été souvent possible de visiter les cuisines de mes amis et de
voir ce qui s'y gâchait. Mais quelques-uns de
mes hôtes ont eu la bonté de me dire ce que

leur coûtaient leurs cuisines, leurs domestiques, leurs écuries et leurs caves. Du beurre à cinq francs la livre, des œufs frais à trois francs la douzaine, du champagne à quinze francs la bouteille — et ce n'est pas le meilleur — des domestiques aux gages ruineux que j'ai déjà mentionnés, les loyers en proportion, et, pire que tout cela, des domestiques sans soin, sans intérêt, qui débarrassent après chaque repas en jetant tout ce qui reste aux ordures.

Ce n'est pas étonnant qu'on se plaigne constamment ici que la vie est trop chère. Ce n'est pas étonnant que des milliers d'Américains aient appris le secret et aient adopté le plan d'aller en Europe pour une année de temps en temps, afin d'économiser.

Le pays lui-même est un peu à blâmer pour ce manque d'économie. Le fer, l'or, l'argent, le cuivre, les champs de blé qu'on n'a qu'à labourer, les milliers d'hectares de pâturages qu'on n'a qu'à s'approprier, le poisson, la viande, la volaille et les fruits d'une profusion étonnante, les millions d'hectares de bonne terre encore inoccupée; ce n'est pas étonnant qu'une mère aussi riche et la main toujours ouverte, ait fait de ses enfants des prodigues.

J'ai rencontré à l'étranger des Américains qui demeuraient dans les meilleurs hôtels, qui semblaient avoir beaucoup à dépenser, et qui ici se sont trouvés n'avoir que trois domestiques, et ne reçoivent pas du tout. Ils font vite leur argent, ils le dépensent aussi vite, puis ils en font du nouveau, et ainsi de suite.

Nous autres, Européens à l'ancienne mode, nous aimons sentir que nous vivons de nos rentes et non de notre capital; mais ici, dans le trouble tout nouveau de la richesse qui s'augmente continuellement, on dépense le capital; de là vient l'impression, que donnent beaucoup d'Américains en Europe, d'avoir plus qu'ils n'ont. Ce n'est pas parce qu'ils ont l'intention de tromper, je ne le crois pas, mais simplement parce que nous, nous ne songeons qu'à dépenser l'intérêt de notre capital même.

Et puis aussi les dépenses sont différentes ici de celles de l'Europe. L'Européen songe d'avance à avoir sa maison à lui, ses écuries, ses domestiques et le confort du chez soi. L'Américain n'économise trop souvent dans sa maison que pour dépenser au dehors. Je veux dire par là qu'à des yeux européens, la dépense causée par les toilettes des femmes et des enfants, par les repas au restaurant, les théâtres, les vacances d'été, la prodigalité générale au dehors est disproportionnée aux autres dépenses.

Des gens qui en France et en Angleterre auraient assez de domestiques, qui recevraient plus chez eux, qui mettraient chaque année quelque chose de côté pour leurs enfants et qui mettraient une ferme limite aux dépenses du dehors, sont représentés ici par famille sur famille dans les hôtels et les pensions bourgeoises ; ce sont des gens qui voyagent en Europe, qui dépensent chaque année à peu près ce qu'ils gagnent, qui reçoivent rarement ou jamais, et qui ne savent même pas ce que c'est que d'être bien soignés par des domestiques.

Vous n'avez pas besoin d'aller plus loin que Chicago pour voir une ville qui, il y a cinquante ans, n'était qu'une station de commerce avec quelques huttes en bois, une ville où un domestique dans la maison, même maintenant, est chose bien rare, et pourtant une ville d'une énorme prospérité. On me promena dans tout Chicago en carrosse à quatre chevaux, je visitai deux clubs luxueux, je vis des kilomètres de maisons opulentes et je laissai ma carte au moins à trois maisons où la porte me fut ouverte par une servante malpropre, les manches relevées — peut-être ai-je fait mes visites à une heure inaccoutumée ; cela se peut, nous ne sommes pas infallibles.

Nous autres Français, nous rions beaucoup des grandes toilettes des servantes et de la classe moyenne inférieure en Angleterre, mais les Irlandaises, les Suédoises et les Allemandes se montrent ici dans des vêtements vraiment somptueux — je leur ai souvent vu porter de la fourrure de phoque, du velours, de la soie, des plumes et des fleurs —; ces braves Américains leur paient des gages fabuleux, reçoivent en retour le plus mauvais service du monde, et ils semblent étonnés quand vous leur suggérez que peut-être les choses marchent un peu à l'envers.

J'ai vu une Allemande qui parlait à peine l'anglais, avec trois enfants affublés de veloutine, de soie et de ruban; elle n'oserait se montrer chez elle de la sorte, de peur du ridicule salutaire qu'elle s'attirerait.

Ces immigrants comprennent bien vite le défaut des Américains; ils profitent de leur indifférence et de leur bon caractère à un degré surprenant pour l'Européen qui a entendu parler de la finesse, de la pénétration et du calcul des Américains.

Je pense quelquefois que ces gens qui ne sont riches que depuis deux générations sont un peu fous. L'argent et la prospérité sont venus si vite, les fortunes immenses se sont faites si promptement; le changement de la vie maigre et restreinte du premier quart du siècle à la profusion orientale des dépenses dans les grandes villes d'aujourd'hui leur a tourné la tête. Ils s'imaginent qu'il y a dans ce pays une source perpétuelle de prospérité et qu'ils n'ont pas besoin de se soucier du lendemain.

Dans les dix années de 1880 à 90, la dette a diminué de 25,763,931,500 francs, ou à raison de 2,500,000,000 francs par an. En faisant la somme des dépenses nationales, d'État et locales, les recettes d'une des dernières années ont dépassé les dépenses de 3,112,973,950 francs. Il faut admettre que de tels chiffres peuvent bien donner à un peuple une confiance insensée en l'avenir.

Qu'importe à ce nabab occidental que ses domestiques le volent, se moquent de lui derrière son dos, et le servent mal! Que lui importe que sa femme porte des toilettes au-dessus de ses besoins ou de son rang! Que lui importe qu'on voie plus de bijoux dans les salons de New-York que dans aucun palais de l'Europe! Que lui importe que les Irlandais dans la misère, les Suédois et les Scandinaves dans le besoin, les Italiens sans le sou, les cormorans de Juifs, les Polonais et les Hongrois, et jusqu'à tout dernièrement les Chinois, viennent ici en masse pour s'engraisser de son gaspillage! Quel mal peut-il voir dans la répétition constante du prix des choses, du chiffre de la fortune de celui-ci ou de celui-là, dont les hommes, les femmes et même les enfants parlent ici jusqu'à vous lever le cœur ?

Les cochons et les bœufs, en processions longues de plusieurs kilomètres, passent à la hâte dans ses abattoirs ; ses champs de blé se mesurent, non pas à l'hectare, mesure bien trop insignifiante, mais au kilomètre carré. Il a un réseau de chemins de fer hypothéqués sur une étendue de plusieurs milliers de kilomètres ; des Européens, éblouis par ces occasions, ont placé ici deux cent mille millions de francs ; ses villes passent d'une hutte en bois à une population de plus d'un million dans le cours d'une vie humaine ; une guerre civile lui coûte environ un demi-million de fils, et des milliers de millions de francs ; des paniques financières, des révolutions anarchistes, une bande de Turcs dans l'Utah qui ont des harems par la grâce d'une révélation divine, des millions de francs volés au trésor d'un État ou d'une ville, tout cela ne lui fait rien, car, malgré tout, il met de côté 2,500,000,000 francs par an. Ce n'est pas étonnant qu'il croie qu'il ne sera jamais sérieusement malade, qu'il ne sera jamais sans affluence, et même sans superflu.

Ici on donne à l'économie le nom de mesquinerie. Quand je vois filer mes dollars comme si ce n'étaient que des francs, quand j'offre mes pauvres pourboires, quand je dis que je ne puis me payer ceci ou cela, quand je donne mes petits souvenirs, un livre ou quelque autre bagatelle, je sens que ces gens me regardent avec pitié et me croient maigre, affamé, peut-être même parcimonieux.

Mais nos vocabulaires sont différents, comme le sont aussi nos mesures et nos espérances. Chez nous l'économie n'est pas la mesquinerie, être soigneux ne s'appelle pas être parcimonieux, avoir de quoi vivre ne prétend pas être la richesse, la prodigalité n'est pas prise pour du raffinement, ni les possessions matérielles pour la culture, ni les belles plumes pour les beaux oiseaux.

Tout cela me semble un rêve de vaches grasses, car j'ai été élevé dans l'économie, j'ai été obligé d'être soigneux, on m'a inculqué qu'un gentilhomme doit être le maître de ses possessions, au lieu d'être seulement promené de par le monde monté sur elles, comme un singe sur un éléphant dans un cortège de cirque.

En y réfléchissant bien, je n'ai pas du tout la conviction que ce pays a trouvé la lampe d'Aladin qui ne s'éteindra jamais. Mon tranquille ami qui a été si bon pour moi à New-York me dit

que l'argent rapportait autrefois dix pour cent —
maintenant, il ne rapporte que quatre ou cinq
pour cent. Il me dit que cette diminution des
dividendes se fait peu à peu sentir parmi les
masses, et qu'on ne peut, ou on ne veut, comprendre que c'est une loi économique universelle qui appesantit peu à peu sa main de fer
sur l'Amérique. Il dit aussi qu'il y a dans l'air
des signes de révolution, des murmures de mécontentement parmi les pauvres contre les
riches. Les pauvres croient, après ces années de
prospérité, apparemment sans fin, que les
riches ont volé la prospérité, et qu'en les atta-
quant on la recouvrera. Déjà maintenant ils réclament plus d'argent, plus d'argent, comme si
on pouvait faire de l'argent à la machine à
Washington, la capitale nationale ; comme si
l'argent était autre chose qu'un simple problème d'arithmétique, la multiplication des fruits
de la terre par le travail. Nous savons que
l'argent n'est rien d'autre, mais ici on ne le
sait pas, ou, si on le sait, on ne veut pas l'admettre !

C'est presque comique d'entendre dire et de
lire comment ces prodigues proposent d'imprimer du papier et de l'appeler de la monnaie ; ou
de marquer sur de l'argent un aigle américain et
le nom de Dieu, et de l'appeler de la monnaie.

10.

Hélas! la fortune a ses responsabilités et ses leçons, que l'héritier soit un individu ou une nation. Ils n'ont encore ni senti leurs responsabilités, ni appris la leçon ici, soit comme individus, soit comme nation. Un Français, un Anglais, ou un Autrichien, et même quelques Russes, sentent qu'ils doivent prendre soin de leur argent; quant à un grand nombre d'Américains, ils ne ressentent qu'un devoir envers leur argent, c'est de le dépenser.

En France, il y a un compte de caisse d'épargne d'une moyenne de cinq cents francs par six individus : hommes, femmes et enfants. La somme totale déposée chaque année dans ces caisses, s'élève en chiffres ronds à 1,000,000,000 francs. Si nous y ajoutons les caisses d'épargne des postes, sur quatre personnes et demie en France, il y en a une qui a un carnet de caisse d'épargne. Des milliers de personnes en France s'attendent à avoir un revenu assuré de cinq mille ou dix mille francs par an, et même moins, comme un heureux résultat de leurs années de travail suivi.

Dites-moi, s'il vous plaît, où est l'Américain, même si la mère est une paysanne irlandaise, ou son père un juif polonais ou un ouvrier suédois, dont le rêve soit d'avoir un revenu de mille dollars par an?

Voilà la vraie racine du mal et la vraie cause du mécontentement. Leur but est trop élevé, leurs espérances sont disproportionnées d'une façon absurde ; assez ne les satisfait pas, il leur faut trop, afin de pouvoir en gaspiller une partie dans la vulgarité qui est à la mode. Par quelle loi humaine ou divine ces gens espèrent-ils avoir tous, et chaque individu en particulier, plus que les individus et les familles des autres pays, je ne puis le comprendre. Ils ont eu plus, cela s'explique facilement par les commencements d'un pays merveilleux, mais, à la longue, les choses se remettront d'aplomb, et quelques chiffres montreront la futilité de supposer que 75,000,000 de gens d'un côté de l'Atlantique doivent tous avoir des milliers, tandis qu'un bien plus grand nombre de gens, plus industrieux, plus économes, de l'autre côté de l'Atlantique, ne doivent avoir que des dizaines et des vingtaines.

Je remercie Dieu de ce que je ne serai pas ici, de ce que ma mère et ma sœur ne seront pas ici, quand ces millions découvriront enfin qu'ils doivent apprendre l'économie, car c'est là tout le problème.

Je prévois une guerre folle de races, d'intérêts et de classes quand le moment viendra, et quelquefois je pense qu'il n'est pas si loin de nous.

Il y a ici 8,000,000 de nègres, il y a environ

1,750,000 personnes ici qui ne savent pas l'anglais, la population née à l'étranger s'élève à plus de 9,000,000, et les illettrés de plus de dix ans sont au nombre de presque 6,500,000, ce qui fait tout ensemble plus d'un tiers de la population.

Ce nabab occidental est, sans aucun doute, un homme très vigoureux, mais ces chiffres montrent qu'il a quelques morceaux bien durs à digérer. Si j'étais lui, je prendrais un soin tout particulier de ma santé, même si à présent je me savais plein de force et de vigueur.

XV

L'ENFANT TERRIBLE

Un des livres qu'on m'a donnés à lire avant ma première visite en Amérique est une histoire par M. Henry James intitulée, je crois, *Daisy Miller*. On y parle d'un petit garçon américain à qui on fait dire entre autres choses : « Mon papa est diablement riche, allez ! »[1]

J'ai demandé à un autre romancier américain bien connu de tous ceux qui lisent l'anglais et que j'ai rencontré à New-York, si l'enfant américain avait l'habitude de parler d'une façon si vulgaire. « Vous voyagez en Amérique, me dit-il, remarquez la conduite des enfants américains chez eux et en public, puis dites-moi ce que vous

---

1. « *My pa is all-firedrich, you bet !* »

en pensez. Vous arrivez ici tout frais de la France; ce qui m'est indifférent à moi sera pour vous nouveau et remarquable, et après trois mois passés ici, vous saurez beaucoup de choses que l'habitude m'empêche de découvrir. »

Je crois que c'est vrai, non seulement en ce qui regarde les enfants ou quelque autre sujet, mais bien la plupart des sujets. L'étranger de passage fait bien des erreurs, mais il voit et entend des centaines de détails dont les gens du pays ont tellement l'habitude qu'ils ne les remarquent plus. Beaucoup de personnes mangent, dorment et travaillent avec le bruit des rues de la ville dans leurs oreilles, parce qu'ils y sont devenus sourds. Le campagnard qui vient en ville entend chaque son différent, et il se passe des semaines avant qu'il puisse dormir ou travailler aisément. Il se peut que j'exagère les impressions que je reproduis ici, mais en tout cas ce sont des bruits que j'ai entendus de mes propres oreilles et des spectacles que j'ai vus de mes propres yeux.

Il y a plus de trois mois que je n'ai vu mon ami, le romancier américain, à New-York, et quand je le reverrai, je m'imagine qu'il aura dans ses yeux un regard satirique dès que j'entamerai le sujet de l'enfant américain.

J'ai entendu l'incident de Henry James non

pas une fois, mais plusieurs fois. Je n'en donne-
rai qu'un exemple. C'était un garçon de douze
à quatorze ans. Ses parents paraissaient être
riches. Nous étions assis sur le pont d'un bateau,
et la conversation roulait sur l'usage des ascen-
seurs dans les maisons particulières. On demanda à l'enfant s'il y en avait un chez lui.
« Non, répondit-il, mais mon papa est assez
riche pour en avoir un s'il voulait ! »

Il est inutile de répéter mot à mot des
paroles du même genre prononcées par des
enfants américains; qu'il me suffise de dire que
celles-là sont loin d'être les seules que j'aie
entendues. Je me suis souvent tenu près de différents groupes d'enfants, et sans faire semblant
de rien j'ai écouté leurs conversations — cela
est facile et souvent même inévitable en Amérique, car les enfants sont partout en évidence.
Ils sont dans les trains, dans les cars, dans
les corridors des hôtels, dans les restaurants,
dans les théâtres; ils dînent le soir à la table
d'hôte avec leurs parents, ils descendent com-
mander eux-mêmes leurs déjeuners dans les
restaurants des hôtels, et dans quelques hôtels
d'été, ce sont de vraies mouches qui pénètrent
partout. Ils raisonnent avec leurs parents, les
contredisent et leur désobéissent devant des
étrangers, et s'il n'y a pas d'amendement à la

constitution qui leur donne des privilèges spéciaux, c'est simplement parce qu'ils les ont sans passer par d'ennuyeuses formalités légales.

Je ne parle pas ici des enfants pauvres, ou mal élevés d'après les idées américaines. Tous les enfants dont j'ai critiqué les manières ou le langage ont des parents qui ne pourraient absolument pas vivre comme ils le font avec un revenu de moins de trente à soixante mille francs par an. Donc, ce sont des enfants qui ont accès à la meilleure éducation et à la meilleure société.

Les Américains de tout âge vous disent facilement le prix des choses, parce que c'est la seule connaissance exacte qu'ils ont sur une grande partie des plus rares possessions parmi les biens de ce monde. Mais cela choque décidément les oreilles d'entendre les enfants parler continuellement de la valeur de tout ce qu'ils ont. — « Mon traîneau coûte tant, mon poney, mes souliers, mon habit, mon chapeau coûtent tant ! » Vous entendez cela tout autour de vous comme un chœur d'enfants. Ils se disent l'un à l'autre le prix de telle ou telle de leurs possessions, et ils se vantent de la fortune de leurs parents respectifs.

Ils sont irrévérencieux et indépendants à un point révoltant. Je n'ai jamais rien vu d'aussi sans-cœur que la conduite de quelques gamins de New-York qui jetaient des boules de neige sur le cortège d'un enterrement. Après cela, il était tout à fait inutile de questionner mon ami le romancier sur les enfants américains. Pline aurait dû visiter l'Amérique avant de dire assez lugubrement ce qui suit des enfants de son temps et de son pays : « Combien y en a-t-il qui feront place à un homme par respect pour son âge et sa dignité ? Ce sont déjà des hommes malins, et ils savent toutes choses ; ils n'ont de crainte respectueuse pour personne, mais ils se prennent eux-mêmes pour modèles. » Tout cela s'applique aux enfants américains. Ce n'est pas étonnant que la politique soit ici ce qu'elle est, si les hommes politiques doivent provenir de ces jeunes, Bédouins saxons. Ce n'est pas étonnant que, grandissant comme ils le font sans discipline, sans manières, ils ne peuvent jouer leurs jeux au collège l'un contre l'autre sans les querelles, les accusations et les *tu quoque* de l'arène et du cabaret.

Voilà de nouveau la théorie de l'indépendance introduite même dans la vie domestique et avec quels tristes résultats ! Il n'y a pas de *patria potestas*, pas de soumission à une autorité, pas même de la part des enfants d'une maison envers son chef naturel.

Dans quelques-unes des familles que j'ai

visitées, il n'était que trop évident que le mot « home » n'était qu'une façon de parler. Il n'y avait pas d'harmonie de pensée, de parole ou d'action. Chacun était une unité, même le plus jeune, et chacun avait ses amis, ses opinions, ses engagements et même ses affections, et chacun était infaillible. La timidité à revendiquer même une autorité légale, et le mépris de cette autorité que l'on remarque dans la politique américaine, s'apprend, j'en suis persuadé, dans ces maisons mal réglées, ou plutôt sans aucune règle.

Ni la loi non écrite de l'affection dans la vie de famille française, ni la loi non écrite de l'hommage envers le chef de famille dans la vie de famille anglaise, ne trouvent place dans la vie de famille américaine. C'est une erreur de dire que les parents gâtent les enfants; ils ne font ni plus ni moins que de les négliger, — ici les enfants négligent leurs parents.

En Europe nous sommes au moins enclins à croire que l'enfant gâté est la règle bien plus que l'exception, et une règle bien désagréable et gênante pour l'étranger, bien que l'Américain ait évidemment cessé de le remarquer. Ce dernier accepte l'enfant américain quelque ennuyeux qu'il soit, comme il accepte ses voleurs de politiques, ses gouvernements municipaux irlandais, et ses administrations et ses corporations tyranniques, de bonne humeur, et voilà tout, du moins pour le moment. Il ne se casse pas la tête sur l'avenir.

J'ai quelquefois pensé pendant mes voyages en Amérique que cette négligence presque criminelle de l'avenir que l'on voit de tout côté, est peut-être amenée par le fait que ce pays n'a pas de passé. Leur prospérité continuelle pendant cent ans a rendu les Américains négligents et insouciants, et rien ne les ramènera à eux-mêmes, si ce n'est quelque terrible catastrophe politique ou financière.

Un homme riche a les moyens de se laisser voler pendant quelque temps, et il peut se permettre d'être prodigue et optimiste pendant quelque temps, mais pas pour toujours. Ce Riche de l'hémisphère occidentale devra bientôt tenir compte des valeurs, il devra admettre que les occasions d'accumuler rapidement une grande richesse ne sont pas aussi fréquentes, ni aussi faciles qu'autrefois, et que sa vigueur à lui commence à décliner; quand ce moment arrivera, cette chronique qu'on prend peut-être aujourd'hui pour une critique impertinente sera prise alors pour une prophétie.

Cette idée presque universelle que l'avenir aura soin de ce qui le regarde, ce bon espoir universel si caractéristique des Américains rendent la position des enfants américains plus facile à comprendre. Comme peuple, les Américains sont des chasseurs d'arcs-en-ciel politiques, sociaux et financiers. Quel que soit le passé ou le présent, ils voient toujours la prospérité à l'autre bout de l'arc-en-ciel. L'enfant devient naturellement le symbole de cela. L'enfant est tout l'avenir. Donc on le considère dans ce pays comme un agent sérieux et privilégié. Il est poussé à une place prééminente en public, dans la famille on rit de ses impertinences et on les cite, il est fin, irrévérencieux, désobéissant et corrompu avant d'avoir quitté ses culottes courtes. Les résultats ne démentent pas cette assertion, ils la supportent. La désobéissance et l'égoïsme politiques et domestiques qui finissent par le désordre politique et la révolte domestique se voient ici plus que partout ailleurs. L'enfant est le père du *boss* et de la divorcée.

Les jeunes filles de quinze à vingt ans s'occupent de leurs amourettes légères et de peu de durée sans être reprises ou interrompues par leurs parents. « Je désire que Sallie ait le petit salon à elle seule cette après-midi ; monsieur X. vient la voir, et je veux qu'on les laisse tranquilles. » Telle fut la remarque que fit une dame bien connue de Boston à l'amie chez qui sa fille était en visite. C'est cette amie qui me l'a dit, en ajoutant que « Sallie » n'avait que seize ans.

« Mais qui sont ces gens? me demande-t-on. Vous devez avoir rencontré de drôles de gens? »

Au contraire, cette dame et sa fille sont connues du monde social le plus exclusif de Boston et y sont reçues.

Je n'ai pas eu l'intention de chercher, pour illustrer cette chronique, de curieuses exceptions. Si ces choses paraissent étranges ou douteuses aux Américains, c'est tout simplement parce qu'ils ne les remarquent pas. Le premier venu peut les voir s'il est en visite dans des familles américaines à New-York, à Boston, à Philadelphie, à Washington et à Chicago. Ce n'est pas qu'ils soient rares, ces incidents, mais ils arrivent si constamment que les gens du pays ne les remarquent pas.

Dans une maison de New-York, où j'ai eu l'honneur de passer une paire de jours, les deux enfants, un petit garçon de huit ans et une petite fille de douze, me conduisirent autour de certaines chambres et me désignèrent différents objets, tableaux et autres, que « papa a promis de nous laisser à sa mort! » C'est ainsi qu'on introduit de bonne heure les enfants aux affaires sérieuses de la vie!

Ah! mais, malgré cette corruption et ce relâchement de toute règle dans la famille, me dit-on, il y a bien moins d'immoralité ici qu'en France, en Allemagne ou en Angleterre.

Cette déclaration révèle un côté étrangement superficiel de l'esprit américain. Les Américains parlent toujours de « l'immoralité » comme s'il n'y en avait qu'une espèce, c'est-à-dire celle qui se rapporte au sexe. Mais la désobéissance, la trahison, la tricherie, le vol et la duperie dans la politique comme dans le commerce, la corruption des fonctionnaires et des législateurs, la subornation, est-ce que tout cela n'est pas immoral? Si le relâchement et la négligence dans la famille n'aboutissent pas à divers maux sociaux, ils conduisent en tout cas au mépris de l'autorité établie — à un mépris tranquille des crimes et délits politiques et commerciaux qui n'a d'égal dans aucun autre pays du monde.

Il y a à New-York des vingtaines de voleurs politiques que, dit-on, l'on sait avoir acquis une certaine aisance aux dépens du trésor municipal, et non seulement on ne les évite pas, mais on leur donne des fêtes et des banquets. D'après ce que j'ai pu voir, un homme peut faire faillite et tromper ses créanciers environ une fois par an, et pourtant ni disgrâce sociale ni punition légale ne l'empêche de recommencer mainte et mainte fois.

Un membre éminent de la Chambre de Commerce de New-York m'a dit : « C'est une triste vérité qu'un homme que l'on sait être un voleur et un suborneur qui se laisse aussi suborner lui-même, peut être élu ici à un emploi du gouvernement, tandis qu'un homme que l'on sait être entièrement sans reproches en ce qui concerne l'intégrité financière et politique peut être défait par quelque calomnie touchant la pureté de ses mœurs, même s'il est garçon. »

Les politiciens mettent sans cesse en jeu ce code moral absurde et superficiel. Un voleur est un brave homme ; un homme que l'on soupçonne seulement de dérèglement est un mauvais sujet. Y eut-il jamais de loi morale plus absurde ? Ou tous les deux sont bons, ou tous les deux sont mauvais. Mais il n'y a personne de plus superficiel que l'Américain en matière de distinctions morales.

Et puis aussi l'Américain n'est pas un sensualiste, mais il désire la richesse et la notoriété avec une passion dominante qu'on ne peut mesurer à moins de l'avoir vu à l'œuvre. Donc la presse à sensations du pays se livre à une dénonciation emphatique du moindre relâchement des mœurs, connu ou soupçonné, mais elle passe avec peu d'attention au-dessus de la tricherie commerciale et de la corruption politique, et même elle y applaudit par moment s'il y a du succès.

Et les enfants lisent ces affreux imprimés publics; c'est un de leurs droits inaliénables. J'en ai vu des masses qui lisaient attentivement des articles illustrés et bien assaisonnés sur des meurtres, des divorces, des enlèvements, des nègres « lynchés » ou brûlés pour des crimes dégoûtants, et autres choses du même genre. Ce n'est pas étonnant qu'à l'âge de douze ou quatorze ans ils choquent un pauvre Français innocent de quarante-cinq ans par leur familiarité avec la vie du monde.

« Vous ne pouvez guère l'attraper », me disait, dans un wagon, le tendre père de l'une de ces jeunes atrocités. « Non », j'avais envie de lui répondre, « vous ne pouvez pas non plus corrompre davantage le corrompu, ou débaucher davantage l'imagination débauchée, mais il n'y a guère de quoi en être fier! »

Mais n'y a-t-il donc pas de charmants enfants dans les États-Unis? N'y a-t-il pas de jeunes filles qui ne s'occupent pas d'amourettes, ni de jeunes gens qui ont du respect pour leurs supérieurs, ni de politiques qui ne volent pas, ni de marchands d'une intégrité reconnue, ni de mères qui sont pures et pieuses? Que je vous dise tout de suite qu'il y en a et beaucoup. J'en ai rencontré de chaque espèce. Mais je peins un tableau pour ceux qui ne peuvent voir les détails — un tableau qui ne donne que les contours et que les couleurs prépondérantes — donc je ne fais pas d'excuses pour ce que j'ai écrit sur l'enfant américain. Si tous les enfants étaient mélangés dans une photographie composée, cette photographie serait celle du plus terrible de tous les enfants terribles.

Il est écrit dans le Talmud que « les enfants doivent être châtiés d'une main et caressés des deux. » C'est une parole sage si on la prend en entier, mais c'est une injonction sans fruit si on oublie la main qui châtie.

XVI

LE BEAU MONDE

Après une visite à Boston et à Chicago, et un voyage d'affaires à Washington et au Sud, j'ai de nouveau rencontré mon ami à New-York. Il s'est privé, j'imagine, d'une partie de ses vacances pour m'emmener d'abord à Saratoga, puis à Newport, et de là je suis allé seul à Bar Harbor, muni de lettres d'introduction de lui et d'autres.

Newport ressemble à un jardin énorme et brillant, dans lequel il y a des palais. Nous avons des séjours d'été en France et hors de France, au fait dans toute l'Europe, mais nous ne possédons pas un seul endroit où l'opulence et la mode de tout un pays viennent se rencontrer.

Dès qu'une famille américaine est assez riche

pour se permettre d'attaquer la citadelle du beau monde, c'est à Newport qu'elle commence. Là se réunit la haute volée de New-York spéciale-ment, mais aussi de Washington, de Philadel-phie, de Boston et de Chicago, et, pendant deux mois chaque été, la bouilloire sociale américaine la plus polie bout, bouillonne et fume à la cré-maillère de Newport.

On remarque ici encore comme ces gens aiment à être près l'un de l'autre. Quelques-unes des maisons sont, comme je l'ai dit, sans exagération, des palais, mais ce ne sont pas des maisons de campagne retirées, elles sont toutes près l'une de l'autre, et on peut aller de l'une à l'autre en quelques minutes. Un club, un casino où l'on joue au tennis, où l'on danse, l'on dîne et l'on flâne, est le rendez-vous où, à certaines heures du jour et à certaines occasions, les gens se réunissent pour flâner, pour traîner, pour flir-ter et pour cancaner.

Le beau monde en Amérique n'est pas le monde du pouvoir ou même du prestige, mais seulement le monde des intrigues et des amuse-ments. Je veux dire par là qu'un homme ne gagne aucune des victoires sérieuses de la vie, des victoires du commerce, de la politique, de la dignité littéraire, en étant connu pour l'une des quelques milliers de personnes qui se vouent à ce genre de vie. Je ne sais vraiment pas si, au contraire, il ne perdrait pas, dans la politique comme dans le commerce, à être bien en vue dans ce monde-là.

C'était, et c'est encore, en partie, dans les salons de Paris, de Londres, de Berlin, de Rome et de Saint-Pétersbourg que se joue le grand jeu de la vie. Vous y rencontrez les diplomates, les politiciens, les ecclésiastiques, les hommes de lettres ou de sciences distingués ou d'avenir, les journalistes, les soldats et les marins renommés, les voyageurs et les explorateurs bien connus et ainsi de suite. Une maison représente une nuance de pensée ou d'action, politique ou ecclésiastique, et une autre, une autre, et ainsi de suite. Le beau monde est un microcosme du monde. Avec de bonnes introductions et de bonnes manières, on peut voir à Londres, en quinze jours, les hommes et les femmes qui font tourner les roues de leur partie du monde. Dans une maison vous rencontrez un parti, dans un club un autre, et vous faites ainsi tout le tour.

Le beau monde attrape tous les plus gros poissons, et vous pouvez voir le dauphin politique, la baleine exploratrice, ou la blanquette littéraire, tous en habit et cravate blanche, dans un beau grand bol transparent qui s'appelle le beau monde.

Cela vaut la peine de faire partie de cette vie sociale, et c'est presque la portion la plus intéressante du séjour d'un voyageur dans un pays étranger. J'ai passé une semaine à Newport, et une semaine agitée. J'ai rencontré au moins plus de deux cents personnes différentes à des dîners, des bals, des pique-niques, sur un ou deux yachts, et j'ai passé une partie du temps dans une maison, et l'autre partie dans une autre. On vous prodigue la bonté, l'hospitalité et le confort. Il n'y a personne au monde avec qui on pourrait passer une semaine plus agréablement, il n'y a pas d'hôtes plus aimables, ni d'hôtesses plus attentives. On vous aplanit la route avec de l'or. On a même jusqu'à un certain point de bons domestiques, et, ce qui s'applique à cette classe d'Américains dans toutes les grandes villes, on a les meilleurs dîners du monde.

Mais, bien que j'aie des jambes, des bras et un ventre, j'ai aussi une tête. Où étaient les hommes d'État, les soldats, les hommes de lettres, les hommes qui font marcher l'Amérique pour ainsi dire? J'ai rencontré un homme politique, charmant garçon riche et sage, qui remplit ses devoirs à New-York dans les affaires de l'État et de la ville, mais c'est le seul. La grande majorité étaient des oisifs — très aimables, assurément — mais on gagne ou on perd les élections, on arrête les grèves, on construit des ponts et des chemins de fer, on signe des traités avec d'autres nations, on découvre et on colonise de nouveaux pays, on soumet les émeutes des Indiens et les révoltes des nègres, on écrit des livres, on fait monter et descendre les valeurs, on fait des lois, non seulement sans qu'ils offrent leur aide, mais même sans qu'ils en sachent rien.

Il y en a qui racontent de bonnes histoires; ils jouent à divers jeux; ils dansent, ils dînent et ils boivent; il y en a beaucoup qui ne sont que des jeunes gens, mais ils sont pour ainsi dire ce qu'est la crème fouettée sur un dessert, comparée à la vache qui donne le lait; New-York pourrait être englouti par les flots, et les intelligences, la bravoure et l'énergie progressive de l'Amérique n'en souffriraient pas le moins du monde — il faudrait redistribuer une certaine somme d'argent, et voilà tout!

Je ne dis pas cela avec dureté, je veux seulement montrer une différence. Car on ne pourrait pas dire cela de Londres, de Paris ou de Vienne. Le beau monde en Europe, c'est le succès qui jouit d'une heure d'oisiveté; le beau monde ici, c'est l'oisiveté qui jouit de son succès. En Europe, vous allez dans le monde avec l'espoir d'être stimulé, quels que soient vos intérêts particuliers; ici, vous allez dans le monde et vous êtes heureux si on réussit à vous amuser pendant quelque temps. En Europe, il y a si longtemps qu'on a de l'argent qu'on n'est plus amusé par ce que l'argent peut faire; ici apparemment le monde est encore content des tours de passe-passe et des transformations, du luxe et des surprises que l'on peut produire.

Vous ne rencontrez pas les hommes politiques, mais ceux qui contribuent à les acheter; vous ne rencontrez pas les voyageurs, les journalistes, les hommes d'État, les colons et les guerriers, mais rien que ceux qui en parlent. Jusqu'à ce point en tout cas, le prétendu beau monde vous désappointe sûrement. Vous entendez beaucoup parler d'une jeune fille que sa famille veut marier à tel jeune homme dont la fortune porte encore les petites étiquettes de carton des vêtements tout faits et des tapis. Vous entendez parler du flirt continuel d'une femme mariée avec tel homme, ainsi que de tel ou tel ménage à trois; après avoir entendu ces histoires et appris les noms des gens, vous remarquez ces petites intrigues d'insectes qui se passent devant vos yeux. Vous dites que ce n'est pas un microcosme de cette vie américaine turbulente, virile et féconde. Non assurément, ce n'est que le microcosme de la frivolité opulente.

Le monde, pour être intéressant d'une façon permanente, doit se composer d'hommes de profession oisifs, et non pas d'oisifs de profession. Rappelez-vous, je vous prie, que Newport n'est pas ce que j'appelle le beau monde américain; c'est ce que les Américains eux-mêmes disent être le meilleur plat du beau monde de New-York, garni d'un peu de céleri froid de Boston et de persil de Philadelphie et de Baltimore.

A ce propos, la clarté demande que l'on remarque l'emploi américain des mots « beau monde ». D'après les journaux, on pourrait dire que toute femme qui va à une réunion de dames quelconque, et qui passe quelque temps à la campagne en été est une *society-leader*. Tous les jeunes hommes qui meurent dans ce pays sont « des *club men* » ou « de grands *club men* », cela dépend des cas. Cela m'embarrassa longtemps, jusqu'à ce que je découvris que les journaux voulaient flatter, par ce terme *club-man*, non seulement le jeune homme décédé, mais aussi probablement les survivants de sa famille. En Europe, tout homme d'une certaine position a naturellement son club, tout comme il a sa sa montre ou son col; et ce serait aussi absurde d'appeler un faquin de Paris ou un élégant de Londres un *club-man*, que de l'appeler un homme à pantalons ou à chemises propres, ou à bottes cirées.

Le beau monde en Europe a un certain sens restreint qui nous permet de nous représenter ce que l'on veut dire par « dans le monde ». Ce n'est pas nécessairement une distinction brillante, mais au moins c'est une définition suffisamment intelligible. Mais ici, *society-leader* et *club-man* ont un sens ou n'en ont pas, cela dépend des cas. La démocratie exagère encore ici ces sentiments même et ces positions qu'elle prétend ignorer.

Toute femme qui possède deux coiffures est une « femme du monde », et tout homme qui a a un chapeau haut et deux paires de pantalons est un *clnb-man*. On entend aussi parler d' « anciennes familles » ici plus que partout ailleurs; pourquoi ? je n'en sais rien, à moins que ce ne soit parce qu'ils sentent tous au fond qu'ils sont encore si neufs.

Une ancienne famille signifie simplement une famille dont les membres ont été, par une capacité quelconque, de remarquables et considérables citoyens pendant un ou deux siècles; voilà ce que cela signifie, ou bien seulement que nous sommes tous également éloignés d'Adam, ou à différents degrés de développement de quelque singe anthropoïde. En un mot, cela a un sens bien défini, ou pas de sens du tout.

Au premier abord, l'étranger est tout embrouillé par ces mots de « femmes du monde », « *club-man* », « ancienne famille », puis il s'en amuse. Il y a ici des clubs, et de fort bons ; il y a du beau monde, et du beau monde d'un grand luxe et d'une grande élégance ; et il y a des citoyens remarquables dont les grands-pères n'ont pas été pendus ; mais il y a aussi soixante-quinze millions d'habitants, et quelques-uns d'entre eux n'appartiennent à aucune de ces trois classes.

Quand je suis allé à Saratoga et à Bar Harbor, j'ai entendu parler partout de « femmes du monde », de « *club-men* » et d' « anciennes familles », mais je n'ai guère vu de beau monde dans le sens restreint et brillant que nous donnons à ce nom, hors de New-York, Newport et Washington.

Saratoga est renommé pour ses sources d'eaux minérales, et pour une certaine espèce de vie d'hôtel pendant l'été, que je n'ai vue dans aucun autre endroit du monde. D'énormes constructions en bois qui contiennent des centaines de chambres sont ouvertes pendant huit ou dix semaines en été, et des milliers de personnes qui ont une certaine somme d'argent à dépenser s'y portent en foule, pour y vivre comme des abeilles dans une ruche. Ils mangent tous ensemble, ils dansent tous ensemble le soir dans les salons des hôtels, ils flânent ensemble sur les vérandas des hôtels, pendant la journée ils vont aux sources ensemble, et si l'on pouvait voir à travers les cloisons entre les chambres aussi bien que l'on peut entendre, on serait enfin arrivé à l'absence absolue de toute vie privée; et l'Américain amateur de foules pourrait espérer avoir une vie future dans un de ces hôtels de Saratoga. Je suppose que ce n'est qu'une affaire de temps pour que les cloisons soient enlevées, et on arrivera à l'apogée de la confusion humaine quand les propriétaires d'hôtels rivaux mettront dans leurs annonces : « Pas de cloisons! »

Mon séjour à Saratoga ne fut pas de longue durée. Mon ami me promena par la ville pendant une journée, y passa la nuit, puis retourna à New-York. J'y restai encore un jour et une nuit, puis je le suivis dans la vie comparativement solitaire et privée des rues populeuses de la ville. Si Daudet ou quelque autre esprit mordant eût été ici avec moi, il aurait dit sans doute que Saratoga lui expliquait la destruction de Jérusalem, car les Juifs y sont en foule.

Les domestiques nègres m'ont paru ce qu'il

y avait de plus intéressant à voir. C'était vraiment un coup d'œil étonnant que de voir un de ces garçons nègres portant un tablier blanc, ayant un plateau couvert de petites assiettes à graines d'oiseau posé sur la paume de la main droite et tenu à bras tendu, et faisant son chemin dans ce labyrinthe de chaises, de tables et d'autres garçons dans la longue salle à manger. Mais de voir deux ou trois garçons en chef faisant claquer leurs doigts ou se promenant d'un air pompeux comme des rois nègres dans des figures de cire mécaniques, c'était voir dépasser la vanité du paon, comme la gloire de Salomon dépasse la timidité de la souris des champs. Je m'étonne que l'expression « la gloire du premier garçon nègre » n'ait pas été adoptée par l'usage pour faire partie du vocabulaire américain.

Ces domestiques nègres, la toilette et les ornements des femmes vous donnaient l'impression d'errer dans une volière gigantesque, peuplée d'oiseaux du paradis, soignés par des Africains. Les femmes sortent dans les rues le soir dans leurs toilettes de soirée et couvertes de diamants, et aux bals, les étrangers invitent les dames à danser sans se faire présenter auparavant. Sans doute, au point de vue moral, il n'y a pas de mal à tout cela ici; mais cette vie sociale hasardeuse, même rien que pendant quelques semaines, doit produire une habitude d'esprit dissipé et un certain relâchement des mœurs qui ne peuvent guère être bons pour les femmes comme pour les jeunes filles.

On entend souvent dire en Amérique que les maris américains sont les meilleurs maris du monde, et, au point de vue des femmes, c'est la vérité. Cependant il n'y a qu'un autre siècle d'histoire américaine sociale et domestique qui pourra nous montrer si cette suprématie féminine sociale et domestique produit les meilleurs résultats. Personne ne peut nier que maintenant, en Amérique, le confort de l'homme est subordonné à celui de la femme.

Au contraire de la plupart des pays européens, le nombre des hommes dépasse celui des femmes d'environ un million et demi. Ce fait seul donne aux femmes une plus grande valeur ici qu'ailleurs; et quand on vous dit qu'il y a plus de deux millions de veuves, ou une veuve sur quinze femmes, peut-être que cela seul explique le sens dessus dessous des relations conjugales.

On ne se trompe pas dans ses suppositions sur le résultat de cette liberté et de cette prééminence des femmes, car pour sept divorces obtenus par les femmes, il y en a cinq obtenus par les hommes. C'est-à-dire que 0,15 p. 100 de la population masculine ont été divorcés; et o, 24 p. 100 de la population féminine ont été divorcés. S'il est vrai, comme les femmes américaines elles-mêmes l'affirment, que le mari américain soit le meilleur mari du monde, les stastistiques du divorce données plus haut prouvent certainement qu'il y a quelque chose qui ne va pas dans la conduite domestique de la femme américaine.

Je n'offre point d'explications là-dessus, parce que je sais très bien que mes préjugés m'empêchent d'être juste; je crois fermement que l'homme doit être le maître chez lui, et que si on ne le considère pas comme tel, la femme, les enfants et lui-même en souffrent également.

Cette monarchie à tête d'hydre, que les Américains se plaisent à appeler démocratie, n'a pas eu un si grand succès jusqu'à maintenant pour qu'il soit sage de donner aux règles de la famille également une tête d'hydre — les enfants, les femmes et les domestiques — tous ayant voix au chapitre du ménage, et chacun ayant le veto sur ses « je veux » « et je ne veux pas » personnels.

Mes penchants religieux me donnent de la difficulté d'approuver le divorce, et pourtant j'espère avoir assez de justesse pour admettre que dans ce pays où les biens de l'autorité, soit ecclésiastique, soit sociale, n'ont été formés que

tout dernièrement, il n'est pas facile de condam-
ner quoi que ce soit à la légère. Quand un haut
dignitaire de l'église permet le divorce à sa fille,
comme cela est arrivé, et que des hommes et des
femmes dont la pureté de la vie ne peut être mise
en doute obtiennent le divorce, il faut en savoir
là-dessus plus long que moi pour parler *ex
cathedra* sur ce sujet.

Un juge distingué et affable que j'ai rencontré
à un dîner m'a dit que l'Américain est naturellement un animal domestique, et il m'a montré
la grande proportion des gens mariés pour
prouver son assertion; puis il ajouta qu'une
grande proportion des divorces, croit-il, ont
pour résultat une vie domestique plus stable et
plus paisible. Il trouve qu'on ne devrait pas
permettre de chicaneries dans les cours de
divorce, mais on devrait accorder le divorce pour
adultère, pour abandon volontaire et pour certaines autres offenses.

XVII

SÉJOURS D'ÉTÉ

On a dit avec raison que dans la plupart des pays civilisés « les hommes font les lois, les femmes font les mœurs ». Après avoir passé à Newport, à Saratoga et à Bar-Harbor, on commence à mettre en doute cet épigramme quand il s'applique aux lois et aux mœurs américaines. Si mes observations ont quelque valeur, la déclaration citée plus haut n'est pas tout à fait vraie ici, où les femmes font les lois et les hommes se contentent des mœurs des femmes.

Ce sont les jeunes filles, du moins à Bar-Harbor, qui font les lois et les mœurs pour les hommes encore jeunes.

Imaginez-vous une île rocheuse près de la côte nord-est de l'Amérique; construisez-y d'innombrables châteaux, petits et grands, d'architecture fantasque; versez-y des rayons de soleil, et peuplez-la de centaines de jeunes gens et de jeunes filles en riantes toilettes d'été, et permettez à cette jeunesse enjouée de prendre envers la liberté toutes sortes de libertés, et voilà Bar-Harbor.

Au début, cette île était un but d'excursions pour les habitants de la Nouvelle-Angleterre; elle fut bientôt renommée pour le bon temps sans cérémonie qu'on y avait; et maintenant les les gens de toutes les parties des États-Unis s'y portent en foule. Le terrain s'y vend à des prix fabuleux, le meilleur monde s'y précipite, et les dîners, les danses, les déjeuners et les piqueniques remplissent les jours et les nuits un peu comme à Newport. C'est une classe de gens différente de celle que l'on voit à Saratoga; mais le même procédé américain des mélanges s'accomplit ici, seulement d'une autre manière — ici c'est *al fresco*. Les jeunes gens et les jeunes filles se promènent seuls, en canot et en voilier sur mer, en *buckboards* et en *buggies* [1] sur terre. Les femmes organisent les parties de plaisir, elles invitent le monde, et en un mot elles sont souveraines maîtresses.

1. Espèces de voitures légères dont on se sert beaucoup ici.

Un des phénomènes politiques les plus étranges, c'est pour moi l'agitation constante qu'il y a ici pour les droits de la femme. Les droits! mon Dieu! elles ont déjà des droits, des privilèges, l'autocratie dans ce pays ; que veulent-elles de plus, s'il vous plaît?

Je vais à un déjeuner, et après le repas une jeune fille de vingt et des années m'escorte à mon canot, me fait rester sur l'eau avec elle jusqu'à huit heures, et rit de bon cœur lorsque je me demande en tremblant quelles excuses je vais présenter à mon hôtesse pour le dîner de ce soir. « Oh! dites-lui que vous étiez avec moi! »

Je dîne au château d'une dame de Chicago dont le mari n'est pas en évidence. Il est lamentablement vulgaire, me dit-on ; mais la femme se met avec énergie à la tête des affaires sociales et autres. *Ubi Claudius, ibi Claudia*, dit-on généralement, n'est-ce pas? Mais ici, *ubi Claudia*, et Claudius nulle part, semble être la règle. En Europe, la femme prend la position sociale de son mari, mais ici, bon Dieu! le mari s'arrange du mieux qu'il peut des exigences sociales de sa femme.

Comme disent ces jeunes Américains, je jouis d'« un temps simplement délicieux », mais pour être honnête, je dois avouer que je n'aime guère cette nouvelle base de la vie sociale. Je ne vois pas que cela conduise à quoi que ce soit de fort, de vrai et de vigoureux dans la vie nationale.

Parmi les animaux inférieurs, le lion a la crinière et la lionne se fait moins remarquer ; le faisan mâle porte le plumage brillant, et sa compagne a l'air sombre à côté de lui ; l'Indien, dans l'Est comme dans l'Ouest, porte les bijoux, et les couvertures et les vêtements somptueux ; mais dans ce dernier type de la civilisation le sexe féminin se pavane et se plume dans des couleurs iridescentes et des ornements de prix, tandis que le sexe masculin le suit clopin-clopant. Les femmes conduisent leurs voitures, les femmes rament et dirigent des voiliers, les femmes vous invitent et les femmes vous amusent. On ne contredit jamais ces femmes, on ne les fait jamais obéir, excepté quand elles ont des filles de dix-huit ans et au-dessus, car alors ces jeunes demoiselles plus que sages se liguent avec le père qui a été foulé aux pieds, et la mère est reléguée dans un coin.

J'espère que je n'exagère pas. Je ne parle que de ce que j'ai vu de mes propres yeux. Je ne donne que les couleurs prépondérantes du paysage. Il y a des exceptions. Ne croyez pas, je vous prie, que je sois assez fat pour présenter ces coups d'œil rapides comme étant des observations profondes, comme étant des données qu'on ne peut nier ou modifier. Malgré tout ce que j'écris, ce n'est qu'ici et non pas dans la prude Angleterre, dans l'Allemagne léthargique, ni dans la Hollande convenable et endormie que j'ai appris la fausseté de ce dicton cynique de mon compatriote : « Il est de bons mariages, il n'en est pas de délicieux. »

J'ai vu dans diverses parties du monde des gens mariés qui se respectaient mutuellement, des gens mariés qui s'aimaient l'un l'autre, mais ici j'ai rencontré au moins une douzaine de couples mariés depuis plusieurs années qui jouissent vraiment l'un de l'autre. Après tout ce que j'ai dit qui semble contredire cela, je ne puis expliquer ces mariages délicieux qu'en les classant dans la grande catégorie des surprises étonnantes que ce pays fournit au spectateur studieux.

Cette liberté sans entrave des femmes mariées et non mariées devrait produire une bonne camaraderie qu'on ne peut trouver dans les pays où les femmes sont plus surveillées ; et tel est le cas là où les femmes sont d'un caractère supérieur. Pour la plupart des femmes le système est mauvais, mais, pour un petit nombre choisi, il produit les familles les plus heureuses du monde.

Rien n'est plus propre à produire l'esclavage

que le don de la liberté. Donner à un homme ou à une femme une liberté qu'ils n'ont pas gagnée, c'est simplement rendre leur servitude pire qu'avant. On voit cela ici, chez les nègres, chez les hommes politiques irlandais, chez les immigrants socialistes et anarchistes, qui tous prennent envers la liberté les libertés les plus impertinentes. J'en demande pardon d'avance, mais je me permets de dire que cela s'applique ainsi à beaucoup de femmes et à presque tous les enfants.

On ne peut concevoir un Bar Harbor anglais, ou un Saratoga français, ou un Manhattan Beach autrichien. Dans ces pays-là, on ne croit pas les gens capables d'une telle liberté ; et en faisant le total des résultats, en les prenant en masse, pour ainsi dire, et en laissant de côté les délicieuses exceptions, je doute que les Américains soient dignes d'une telle liberté. J'ai vu à Saratoga et à Bar Harbor différentes choses qui me portent à croire que beaucoup d'hommes et de femmes ferment les yeux sur la différence entre la liberté et les libertés. Donnez une couronne à un esclave et vous en ferez le plus souvent un tyran. Laissez un bébé faire ce qu'il veut pendant une semaine, et vous verrez arriver l'instinct naturel de l'être humain de porter la couronne et de manier le sceptre d'un autocrate.

12.

C'est ici le pays des enfants gâtés, et si je n'avais pas fait la connaissance de quelques femmes qui sont là le type de ce qu'une femme devrait être, j'ajouterais : et aussi des femmes gâtées. Peut-être est-il vrai que les meilleurs types d'hommes et de femmes se développent et s'améliorent plus vite par ces dons si rares : — la richesse, le pouvoir et la liberté. Ces choses sont bonnes pour les meilleurs, mais pour la moyenne des gens elles ne valent rien, et une vue impartiale de cette civilisation le prouve. Si j'avais une jeune femme et des filles, je ne les enverrais certes pas passer l'été à Saratoga ou à Bar Harbor — à moins que je ne sois un mari américain, car alors je ferais ce qu'on me commanderait et je paierais les notes !

Il ne faut pas s'imaginer que parce que les femmes occupent une place si prééminente au point de vue social et domestique, les hommes soient sous le joug. Ils sont soumis à leurs femmes, mais ils ne se laissent pas facilement mener par d'autres hommes. Ils ne sont pas efféminés ; c'est tout simplement l'habitude du pays. Comme, dans l'extrême Ouest, le guerrier indien, de bravoure incontestable, dont la ceinture est couverte de chevelures, se laisse battre par sa squaw favorite sans perdre sa dignité et sans ternir sa réputation de courage, de même ici, parmi les visages pâles plus civilisés, les hommes ne cherchent pas à être maîtres en affaires domestiques.

Celui qui a vu Hyde Park un dimanche matin, après l'église, ou qui a regardé passer la foule en route pour les courses à Paris, un dimanche après-midi, n'a pas besoin qu'on lui dise que les hommes sont autant aux petits soins que les femmes dans leur toilette. Ici il n'en est pas ainsi. A New-York, à Newport, à Washington, on rencontre bien des hommes qui sont toujours bien soignés. Mais, en général, l'Américain est presque négligent dans sa toilette, et plus on va vers l'Ouest, plus cela se remarque. Dans plusieurs parties du pays, un homme qui est minutieux dans sa toilette est regardé de travers ; on trouve qu'il donne trop de temps et qu'il pense trop aux détails féminins de l'existence. Cela va si loin que beaucoup de messieurs n'ont pas même l'air frais et propre.

Dans certaines parties du pays, il y a des hommes qui se conforment à cela pour la politique, et qui portent de vieux habits, de vieux chapeaux et de vieilles bottines, pas de cravates — quelquefois pas de cols — dans l'idée que cette négligence les fera aimer de la masse des électeurs. Bien des membres du Congrès n'ont pas d'habits de soirée et trouvent que c'est de la

fatuité d'en porter. On a dit d'un sénateur fédéral qu'il ne portait jamais de chaussettes, un
autre portait toujours un col en papier, attaché
par un bouton en diamant, mais pas de cravate ;
et je pourrais citer bien d'autres exemples de
sauvagerie de ce genre. Cela est naturellement
en grande partie de l'hypocrisie pure et simple,
de l'ochlocraticisme.

Chez beaucoup d'hommes vêtus sans soin, à
l'Est comme à l'Ouest, cela s'explique par le
prix très élevé des vêtements faits sur commande
et non achetés tout faits, et par le fait que les
domestiques ne sont pas dressés pour prendre
soin des habits. En théorie, cela semble très démocratique d'être son propre valet, de s'occuper de ses vêtements et de ses bottines. A
propos, je suis resté dans une maison à Chicago
où on m'a montré une petite boîte qui contenait
du cirage et des brosses, et j'ai ciré mes bottines de ma propre main — mais, en réalité, ce
n'est ni démocratique ni économique. La sub-
division et la systématisation du travail sont les
seuls moyens vraiment démocratiques et écono-
miques.

A un club à Chicago, en causant avec un Américain intéressant sur les affaires américaines,
j'attaquai le sujet des prix. Comme la plupart
des Américains, il se lança dans une description

de ses propres affaires. Les habits qu'il portait coûtaient, m'a-t-il dit, deux cent soixante-quinze francs. Il calcula qu'il dépensait dix-neuf cents francs par an rien qu'en paletots, pantalons et gilets. Son tailleur, dit-il, ne lui ferait pas d'habit de soirée pour moins de quatre cent cinquante francs.

C'était pendant la matinée qne nous causions, et je portais des vêtements que j'avais depuis trois ans et qui m'avaient coûté quatre-vingt cinq francs. Mais c'est que mon brave François soigne mes habits et mes bottines comme moi je soigne mes fusils. Les affaires des différentes saisons sont mises de côté puis ressorties, et, bien que je possède probablement cinq costumes où ce jeune homme n'en a qu'un, mes habits ajoutés aux gages de François sont loin de me coûter par an ce qu'il dépense sur les siens.

Si un jeune homme ici a un domestique à lui, on le dit aussitôt particulièrement fat, ou assez sot, ou un peu efféminé. Mais songez donc à la perte de temps et d'énergie, au tracas pour un homme vraiment occupé, d'essayer d'être son propre décrotteur, de plier, de brosser et de soigner ses propres habits, et calculez tout ce qu'il doit gaspiller grâce au manque de soins donnés à ces affaires-là!

Personnellement, je ne vois rien de dégradant, pour la réputation, d'être le serviteur d'un autre, si cet autre est un brave homme. Je croyais qu'au moins dans une démocratie le service était la vraie marque de noblesse; mais ici cela n'est pas vrai. J'aurais aimé être le valet d'Alexandre le Grand ou de Louis XIV, ou gentilhomme de la chambre de Laurent le Magnifique, ou secrétaire de Talleyrand ou de Molière. Quelle tâche peut être plus intéressante que celle de servir un homme qui joue un rôle méritoire dans les affaires de la vie? Si on ne peut rien faire de grand soi-même, qu'est-ce qui en approche le plus si ce n'est de prendre soin de celui qui le peut?

C'est ce sentiment absurde et rien moins que démocratique sur le service en Amérique qui rend tous les détails de la vie domestique et sociale, et même commerciale et politique, si durs, si rudes et si fatigants. Ce sont deux choses bien différentes que d'être esclave ou d'être serviteur. Dans tout État civilisé, on donne la précédence aux serviteurs de Dieu, et qui, je vous prie, devrait venir au second rang dans une démocratie chrétienne, sinon les services de l'humanité, puis les serviteurs des hommes?

Les sauvages tuent leur gibier, font leurs couvertures, leurs arcs, leurs flèches et leurs tentes, chacun pour soi-même. L'homme civilisé a trouvé plus simple de donner à chacun sa tâche, et ainsi de permettre à chacun de consacrer tout son temps à bien faire une chose. De cette façon la vie est rendue plus simple, moins complexe et plus démocratique dans le vrai sens du mot. Qui conseillerait de revenir au système où chaque homme est son propre cuisinier, son propre gendarme, son propre constructeur, son propre tailleur, son propre cordonnier?

> *There is no office in this needful world*
> *But dignifies the doer, if done well,*

écrit Fortunat, le Pessimiste.

Ces Américains se mettent des bâtons dans les roues par cette idée à moitié sauvage sur le service. Étant donnés six hommes, un qui tue, un qui fait cuire, un qui bâtit, un qui cultive, un qui fait des habits, un qui fait des souliers; et, d'autre part, six communautés d'un homme chacune, où chacun essayera de tout faire soi-même, qui hésite à dire laquelle de ces sept communautés sera la plus prospère et la plus puissante à la fin de l'année?

Un homme d'État qui considère la politique comme une affaire sérieuse, et, nous autres Français, nous savons si c'est une affaire sérieuse, n'a pas le temps de couper son bois, de coudre des boutons à ses chemises, et de cirer ses souliers. Dans bien des choses, les Américains ont tenu pied au progrès matériel merveilleux de leur pays, mais dans cette affaire de systématisation des moindres détails de la vie, ils sont à plusieurs lieues en arrière de l'Allemagne et de l'Angleterre — leurs formidables compétiteurs commerciaux — et même à plusieurs lieues en arrière du Japon.

Ils ont trop de confiance en eux-mêmes pour écouter les avertissements. Ils pensent que ce sont des affaires qui s'arrangeront d'elles-mêmes, ou des problèmes qu'ils résoudront à la machine. Mais l'Inde, la Russie et l'Amérique du Sud produisent maintenant du blé, et empruntent les meilleures machines américaines pour leur travail !

Les démocraties sont généralement tombées parce qu'elles n'ont pas voulu employer leurs meilleurs hommes, parce qu'elles n'ont pas voulu se fier à leurs conducteurs naturels. Le peuple ne se méfie de personne plus que du peuple. L'Amérique a cette leçon à apprendre. Encore cent ans, et, malgré leurs grands avantages naturels, ils auront ici de la besogne pour garder leur place parmi les grandes nations. Il n'y a que des hommes, des hommes forts, des

hommes bien dressés, des hommes à qui on se
fie qui puissent se battre pour eux. Les machines
ne le feront pas. La chance ne le fera pas. Il n'y
a que des hommes bien dressés, servis par des
domestiques bien dressés, qui le feront.

Mais, allons donc! Je prêche, nous verrons ce
que nous verrons! Mais j'aime trop ces braves
gens pour ne pas être sérieux de temps en temps
en discutant leurs affaires. J'ai peur que Saratoga, Bar Harbor et Newport ne m'aient fait
paraître un peu trop maître d'école envers eux,
et ne m'aient fait penser qu'ils n'étaient pas
assez studieux. Je puis me tromper. Il se peut
qu'on me réserve d'autres surprises. Peut-être
que quelque Américain a déjà maintenant une
invention cachée dans sa manche, qui permettra
à un homme de porter dans sa montre une
machine qui lui servira de valet et de secrétaire,
et qui le nourrira et le logera rien qu'en touchant
un ressort!

XVIII

CHICAGO

J'avais à peu près fini d'arranger mon journal pour l'envoyer à mon ami de New-York, quand il m'envoya une lettre extraordinaire de Chicago qui m'avait été adressée chez lui.

Voici cette lettre : « Mon cher Monsieur X., vous vous souviendrez de m'avoir vu à Chicago. Mon ami Y., de New-York, me dit que vous avez consenti à lui envoyer quelques-unes de vos notes sur l'Amérique pour qu'il les fasse imprimer. Si vous parlez de Chicago, vous pourriez mentionner mon nom en passant, comme vous dites, vous autres! » Alors venaient plusieurs pages de flatterie personnelle, et l'offre de m'envoyer les informations qui pourraient m'être nécessaires sur lui-même en particulier, ou, en général, sur le beau monde de Chicago. Ce jeune monsieur mérite certes que je publie son nom ici, mais il y a trop d'Américains qui ont été aimables envers moi pour que je me permette d'agir volontairement d'une façon malicieuse envers l'un d'eux.

Je n'avais pas l'intention de décrire longuement Chicago pas plus que Détroit ou Kansas City, bien que j'aie passé quelques jours dans ces trois villes. Une promenade dans Chicago avec un monsieur et une dame de la ville m'a laissé une vague impression d'abattoirs, de cimetières, de parcs et de bords du lac. Ce que je remarquai aussi, ce fut une étrange combinaison de Porc et de Platon. Mon hôtesse allait deux fois par semaine à un club de Platon, et l'hiver précédent, me dit-elle, elle avait suivi des réunions du même genre sur Browning. D'autre part, son mari m'emmena voir les abattoirs et le bétail, comme étant peut-être le spectacle le plus intéressant de la ville. Je fus témoin d'une procession de cochons transformés en saucisses à je ne me souviens plus combien à la minute. Il riait de son Platon, elle riait de ses cochons. Il m'a semblé qu'on ne prenait au sérieux pas plus une chose que l'autre.

Un cinquième de la population de l'Illinois se compose d'Allemands et d'Irlandais, et, à Chicago même, plus des deux tiers de la population sont nés à l'étranger. Cet état de choses semblerait donner pas mal à penser et à étudier aux plus sérieux citoyens.

Quand le gouverneur de l'État se dit ouvertement anarchiste, et que tout dernièrement des révoltes à Chicago n'ont pu être calmées qu'au moyen des troupes fédérales, on s'imaginerait que l'étude de Platon et de Browning, et le réseau de clubs qui font la renommée de la ville pour étudier les méthodes des classes enfantines, pour avancer les droits des femmes, pour étudier l'art préraphaélite, pour étudier l'histoire de la fiction, pour recueillir de l'argent pour faire des excavations en Grèce, pour étudier les dramaturges antérieurs à Shakespeare, et bien d'autres sujets également éloignés des vrais problèmes de la ville, ne sont guère ce qu'il faut.

Je dois avouer à ma honte que je n'avais encore jamais causé de Platon avec une dame à un dîner. Je crois que Platon n'a donné qu'une bien petite place aux femmes de sa république. Il serait sans doute aussi surpris que je l'ai été, s'il visitait cette ville, dont le nom m'était devenu familier à force de le voir sur des boîtes de viandes conservées, de se voir servir avec la soupe à son premier dîner.

Ce qui est attrayant, du moins, dans la vie

intellectuelle en Amérique, c'est qu'on ne s'y attend pas. Les gens de Chicago ne sont pas embarrassés par des siècles d'éducation et de précédents. Nous autres Européens, nous commençons à l'alphabet; de là, nous passons aux mots d'une syllabe, puis, de l'abécédaire, au livre de lecture; nous commençons nos classiques nationaux avec La Fontaine, et nous suivons pas à pas un cours régulier et graduel de travail intellectuel. Mais à Chicago, une dame qui parlait avec volubilité de Platon m'étonna en me disant qu'elle ne connaissait pas un poète anglais nommé Peacock, et elle crut que je voulais rire quand je lui dis que son nom en entier était Thomas Love Peacock.

Le seul morceau de prose anglaise d'un style soutenu qui soit sorti de Chicago, d'après ce que m'a dit mon ami le romancier, c'est un petit livre, moitié fiction, moitié réminiscence, sur la vie italienne. Donc je demandai à cette même dame si elle avait lu « Le Chevalier de Pensieri-Vani », et elle n'avait jamais entendu ce nom. Voilà une autre illustration — quel malheur qu'il y en ait tant! — des méthodes superficielles, courtes et faciles que l'on a ici. La Culture! oui, c'est le mot qu'ils emploient.

Je connais des hommes et des femmes en France, en Russie et en Italie, qui parlent et lisent une demi-douzaine de langues, qui ont voyagé par toute l'Europe et dans l'Orient, qui connaissent des gens distingués dans le monde entier et ont appris beaucoup dans leurs relations avec eux, qui ont passé par les dures méthodes de l'école continentale et de l'université, et qui sont loin de penser qu'on puisse les considérer comme des hommes et des femmes de culture éminente. Mais ici, bon Dieu! ces femmes qui en savent juste assez pour écrire leurs invitations et leurs lettres correctement parlent de culture! Cela me rappelle Boston, Concord et Plymouth, où, comme ici, les choses secondaires de la vie, la frange, les perles et les ornements de la vie intellectuelle se portent sur l'étoffe râpée et sans valeur d'un exercice mental préliminaire complètement insuffisant.

J'ai rencontré ici un jeune homme, un professeur de l'Université qui se trouve être un helléniste distingué et l'éditeur d'un livre érudit sur la constitution américaine. Je lui confiai mes impressions sur la nature superficielle de cette façon d'apprendre, de lire et d'étudier par des méthodes courtes et faciles; mais c'était un savant trop doux lui-même pour blâmer les autres, bien que j'aie appris plus tard qu'il a écrit dans des termes catégoriques sur cette légèreté prétentieuse de la vie intellectuelle.

Cette étude et cette lecture ne sont pas mauvaises; c'est le choix des sujets et cette supposition que lorsqu'on a une connaissance superficielle des grands classiques, on est l'égal de ceux qui ont enduré l'exercice et l'éducation d'années de vie scolaire, qui font du mal.

C'est un peuple jeune encore qui se presse, et souvent on confond la hâte avec la promptitude. Il y a un océan intellectuel de différence entre savoir les choses, ou en avoir seulement entendu parler. La valeur principale du savoir, c'est l'éducation que l'on gagne à le poursuivre. La méthode de Chicago consiste en une sorte de conviction de savoir, semblable à la conviction de droiture du mystique, ou à la conviction de péché du Calviniste, et toutes les trois sont également inoffensives et également inutiles.

Chicago est la métropole du grand Ouest central, un énorme territoire qui promet beaucoup, et c'est maintenant une ville d'un million d'habitants. Comme me l'a dit un monsieur spirituel de New-York, ils ont municipalisé les prairies. C'est une civilisation rude et crue, et c'est une erreur fatale que de mettre un fin vernis sur des planches avant de les avoir rabotées et aplanies pour le recevoir.

Les étudiants anthropologiques qui ont fait des recherches sur ce sujet, disent que certaines

races barbares sont affaiblies et finalement exter-
minées par la civilisation. On dit aussi que les
intelligences habituées à l'éducation et à l'étude
peuvent supporter l'éducation comme ne le
peuvent ces intelligences qui proviennent d'ancêtres moins cultivés. Je pense quelquefois que
l'énorme accroissement de la richesse, de l'occasion, du luxe, dans une communauté telle que
Chicago, a affaibli pour le moment le développement heureux des hommes et des femmes
à qui ces dons sont venus dans le plus grand
nombre.

Pour des raisons qu'il est inutile de mentionner ici, j'ai été obligé de passer un jour et
deux nuits à quelques centaines de kilomètres
de Chicago, dans un rude petit village. J'y ai
rencontré le vrai Américain, ni lavé, ni timide, ni
affecté, dans toute sa gloire. J'ai passé une couple
d'heures le soir dans une certaine épicerie, où
j'ai été chercher un notaire. Pendant ces deux
heures, j'ai écouté des conversations qui comp-
tent parmi les plus sagaces que j'ai entendues
pendant tout mon séjour en Amérique.

C'étaient là des types de ce que les politiciens
nomment « les gens simples » (*theplain people*).
Je commençais à croire que les politiques avaient
raison. J'oubliais Newport, j'oubliais le sémitique
Saratoga, j'oubliais Miss U. S. A. Liberté qui

embarrasse l'étranger fastidieux à Bar-Narbor, et je commençais à voir le vrai fond solide de cette étrange vie américaine. Lorsque je quittai ce groupe d'indigènes, assis en crachant autour du poêle de cette épicerie, je sentis que ni policien, ni théoricien, ni socialiste ne pourraient tromper ces hommes pendant bien longtemps.

Je n'en ai pas parlé ici, mais j'ai fait la même expérience à Salem et à New-Bedford, villes du Massachusetts, et je me rappelle maintenant que la même finesse et la même rude intégrité de manières et de langage firent une grande impression sur moi.

De tels hommes sont bien supérieurs relativement à la même classe en France, en Angleterre ou en Italie. Quant à l'éducation, leur langage et leurs allusions montraient qu'ils n'avaient guère été au collège ; mais ils savaient réfléchir, et, ce qui est meilleur et plus profitable, ils savaient agir, et cela leur avait évidemment donné une indépendance et une fermeté qu'on ne pourra pas facilement ébranler.

J'ai eu à faire dans un cas avec un homme qui maniait une plume à peu près comme une femme manie un fusil, mais qui n'avait pas besoin d'un avocat à ses côtés pour le protéger. Il savait son affaire, et, de plus, bien d'autres choses encore qu'il eût été bon que je susse aussi.

On me dit que l'Ouest est plein d'hommes de ce genre — ce qui s'applique aussi à la Nouvelle-Angleterre et aux États du centre. Ils s'inquiètent peu des discussions passagères et des théories fugitives, mais quand il s'agit d'une affaire sérieuse, ils se montrent au premier rang en nombres étonnants, avec leurs fusils ou leurs votes suivant les occasions. Je n'ai pas le moindre désir de faire croire qu'ils ont toujours raison, mais ils sont toujours sérieux; et quand on a consacré une grande partie de son temps au côté plus gai de la vie américaine, ce fond sérieux semble d'autant plus important, et paraît être dans cette nation un agent qu'il ne faut pas dédaigner.

Si j'avais à servir de guide à une troupe de capitalistes étrangers dans ce pays, avec l'espoir de les décider à laisser ici leur argent, je pourrais bien les conduire à Boston pour leur faire entendre ce que les Bostoniens appellent du bon anglais, mais je les conduirais certainement aux ports de mer du Massachusetts et du Maine, et aux rudes villages de l'État de l'Ouest pour leur montrer la vraie qualité de la grande masse du peuple américain.

Quant à moi, quand je revins à Chicago après ma visite aux prairies, il me sembla qu'il y avait plus d'espoir pour Chicago que je ne l'avais cru, lorsque je vis pour la première fois, que dans cette population étrangère et socialiste, beaucoup parmi les gens que je rencontrai prétendaient être sérieux au sujet de Browning, de Platon et des poètes préraphaélites.

Je ne sais pourquoi, mais le dilettantisme ne semble pas à sa place à Chicago. C'est trop comme si le cocher se retournait sur son siège pour vous répéter ce que dit Ruskin sur le coucher du soleil, ou si la blanchisseuse se détournait de sa cuvelle pour parler de la formation chimique des bulles de savon. Ce n'est pas qu'un cocher ne puisse admirer le coucher du soleil, ou une blanchisseuse s'émerveiller de l'irisation d'une bulle de savon, mais pour le moment ils devraient penser à autre chose.

C'est le Porc et non pas Platon qui a fait Chicago, et les habitants de Chicago ne sont pas encore arrivés au degré de civilisation qui leur permettra, avec convenance ou avec avantage, de changer leur allégeance.

Un autre trait de la vie américaine attira mon attention pour la première fois à Chicago, bien que je l'aie trouvé ensuite partout dans les clubs américains.

Nous étions assis, environ une demi-douzaine, au club, lorsqu'un autre membre fit son apparition. Il appela un garçon, lui dit : « Prenez les

commandes! » et se tournant vers nous, il
ajouta : « Que prendrez-vous, messieurs? » Ainsi
ce jeune homme prit son verre, et sa note fut
multipliée par six ou sept. Cette habitude est
presque universelle. Cela se fait à New-York
comme ici, et à Kansas City, et partout où j'ai
été. On pourrait inscrire sur les armoiries des
clubs : « Prenez les commandes! » et : « Que
prendrez-vous? » comme : *Ich dien*, ou : *Non
sans droict*. C'est une illustration de la tendance hospitalière de ce peuple et de l'aversion
partout prédominante pour la solitude.

Dans ces occasions on ne s'inquiète pas si
celui qui invite connaît ses invités. Ils sont tous
compris dans sa généreuse invitation. Il commence par vous inviter à boire avec lui, puis il
fait votre connaissance. Cette coutume amène
une multiplication inutile de libations, peut-
être, mais c'est une façon facile et gracieuse de
se présenter, ou de se représenter à une compagnie que l'on vient de retrouver.

Ce joyeux « Que prendrez-vous? » qui
s'adresse à tous, résonne encore à mes oreilles à
plusieurs mille kilomètres de distance, et je
souris involontairement en pensant aux jeunes
héritiers de la fortune d'une puissante nation,
sans soucis, prospères et joyeux, à qui je
voudrais pouvoir dire comme tant d'entre

eux me l'ont dit à moi : « Que prendrez-vous ? »

Je ne suis pas arrivé jusqu'à la côte du Pacifique, et mes voyages dans l'Ouest furent raccourcis par un ordre inattendu qui me rappela à Paris. Mais je ne suis pas certain que les communautés américaines qui prétendent le moins être polies, ne soient pas après tout les plus intéressantes, du moins pour l'Européen. Il y a une grande différence entre la *nouveauté* et la *fraîcheur*. L'Est semble un peu nouveau, mais l'Ouest est encore frais. L'un a la gaucherie du *novus homo*, l'autre la gaucherie d'un solide écolier qui grandit. Les erreurs de l'Ouest sont des bévues d'exubérance, les erreurs de l'Est sont des bévues de répression de soi-même. L'un ne s'inquiète de rien, l'autre s'inquiète trop de tout.

Le cow-boy et le fermier de l'Ouest m'ont paru être plus purs, comme articles de manufacture américaine, que le Bostonien qui ânonne ou le New-Yorkais avec ses domestiques en culottes courtes. Mais ici je demande qu'on veuille bien pardonner mes généralisations. Je connais trop de faquins dont les intelligences et les muscles ne sont pas ce que leurs cravates, leurs bottines et leurs gants sembleraient proclamer, pour faire à la légère des comparaisons entre le *cow-puncher* et le **dude**, comme on les appelle ici.

Pendant la guerre entre le Nord et le Sud, me dit-on, les collèges ont envoyé en proportion autant de bons soldats que les *lumber-camps*, et les magasins de New-York et de Boston d'aussi dignes représentants que les fermes et les prairies. J'écris ce que j'ai vu, mes impressions personnelles. Une photographie instantanée d'une nation n'est pas plus une histoire ou une prophétie, que la photographie d'un individu n'est une analyse de son caractère.

XIX

LES JOURNAUX AMÉRICAINS

En Amérique, on lit les journaux beaucoup plus que dans les autres pays, et on en parle beaucoup plus. Parmi les Américains les plus intéressants que l'on rencontre, ou dont on entend parler, il y a beaucoup de journalistes. Il serait impossible de quitter le pays, après avoir étudié les journaux comme je l'ai fait, sans en dire quelques mots.

On entend si souvent parler de ce que l'éducation a fait et fera encore pour le peuple en Amérique, qu'on finit par se demander en quoi consiste exactement cette éducation si souvent vantée. D'abord, les Américains vous montrent leurs écoles publiques. Mais les meilleures écoles mêmes ne donnent pas l'éducation, et celles-ci encore moins. Les écoles donnent à un homme les moyens mécaniques d'obtenir de l'éducation mais ce qui donne l'éducation même, c'est l'expérience, la lecture, les voyages, les relations avec d'autres, et l'emploi journalier de ses facultés.

Les Américains lisent leurs journaux avec une telle avidité que ces journaux doivent être considérés comme un agent important, sinon le plus important, de ce qu'on peut appeler l'éducation secondaire du peuple.

L'année dernière, il est arrivé en Amérique 340,000 immigrants; il y en avait 270,000 qui avaient plus de quatorze ans, et parmi eux 78,000 ne savaient ni lire ni écrire. Dès qu'ils sauront lire, les journaux leur tomberont sous la main. Les journaux sont ce qu'eux et une masse d'autres Américains liront presque exclusivement. Pour moi qui suis républicain et qui m'intéresse à l'avenir de la plus grande des républiques, les journaux me procuraient des études continuelles, et, je puis ajouter, un étonnement continuel. Pour un Français, un journal est en premier lieu une production littéraire bien équilibrée et ayant un plan bien tracé; c'est par cet instrument que le journal donne les nouvelles et les discute. C'est un but que n'ont pas beaucoup de journaux américains. La plupart d'entre eux semblent ne pas avoir de rédacteur; on dirait qu'on a jeté tous les articles pêle-mêle dans un chapeau, puis qu'on les en a tirés au hasard et imprimés dans l'ordre indiqué par la chance. Naturellement, il y a des exceptions. Un journal quotidien prééminent, qui paraît à New-York le matin, et que je ne nommerai pas, est vraiment rédigé, et cela mieux qu'aucun autre dans ce pays; en le parcourant, l'esprit logique est satisfait de son sens évident des proportions, de ses expressions bien tournées et de son bon anglais. Qu'on en admire le ton ou non, on n'en a pas moins une preuve journalière qu'il y a de la cervelle à la rédaction, tandis que beaucoup d'autres journaux ne montrent qu'une abondante provision de boue dans ce quartier-là.

Ce serait une tâche colossale que de vouloir énumérer et critiquer avec soin même rien que les principaux journaux américains. Au lieu de cela, et par respect pour le danger des préjugés et de la partialité, j'ai choisi huit journaux dans différents endroits, et j'ai résumé avec soin leur contenu.

La plupart de ces journaux ont de six à huit colonnes par page, et les colonnes ont de 43 à 53 centimètres de long. Un journal de 12 pages de 7 colonnes chacune, et chaque colonne ayant

5o centimètres de long, aurait environ 42 mètres d'imprimé. J'ai mesuré ces huit journaux et je suis arrivé aux résultats que l'on voit dans la table ci-jointe. Cette classification est nécessairement très générale, et sans doute j'ai fait des erreurs ici et là en mettant dans une classe certaines choses qni devraient appartenir à une autre. Quand je n'étais pas sûr si je devais placer un article parmi les nouvelles ou dans les cancans, je me suis toujours décidé en faveur du journal, de sorte que, s'il y a des erreurs, le journal n'en souffre pas, au contraire. En choisissant pour cette table les trois journaux de New-York, je me suis laissé guider par un avocat éminent de New-York qui m'a donné ce qu'il considérait comme un bon exemple, un mauvais et un indifférent, mon propre choix étant subordonné au sien. En ajoutant à la liste le *Figaro* de Paris, j'offre en comparaison l'ordre, l'économie et la concision comme nous les connaissons en France.

Un Parisien aime que son journal se lise de soi-même en tournant les pages, l'Américain consent à piocher, à chercher et à patauger pour arriver à prendre connaissance des quelques nouvelles que l'on aime à lire tous les jours. Le but principal d'un journal, c'est de tenir un homme au courant des événements tout en

ANALYSE DU CONTENU DE HUIT JOURNAUX QUOTIDIENS	Evening Post de New-York	Figaro de Paris	Tribune de Chicago	Daily Picayune de la Nlle-Orléans	Times de New-York	Tribune de Minneapolis	World de New-York	Times de Kansas-City
Articles du rédacteur.	2,62[1]	2,33	1,98	2,80	2,19	1,88	1,78	1,38
Correspondance. Articles spéciaux.	5,25	2,93	0,48	1,45	1,22	0,15	0,68	»
Affaires domestiques, Chronique locale, Politique.	6,52	2,83	2,95	2,80	2,82	1,00	3,37	1,40
Cancans, Personnalités.	0,78	1,00	7,60[2]	1,90	1,52	1,25	1,80	1,50
Annonces.	8,50	2,70	9,93	10,18	12,13	21,50	19,17	13,52
Citations d'autres journaux.	3,88[3]	0,37	2,43	0,43	2,33	0,50	0,55	0,50
Accidents, Crimes, Incendies, Faillites.	3,37[4]	»	2,98	1,43	3,90	4,10	12,32[5]	3,90
Nouvelles judiciaires et législatives.	4,00	0,90	3,75	0,75	2,78	0,93	0,12	3,35
Commerce et Finances.	8,50	2,03	4,18	7,84	10,18	4,47	1,52	4,18
Théâtres, Musique.	0,80	1,07	0,20	0,55	1,85	0,07	0,48	0,20
Sport.	1,78	0,80	3,00	2,48	0,28	2,30	3,10	1,78
Farces.	0,18	0,30	0,43	0,18	0,18	0,58	0,22	0,05
Nouvelles religieuses, Charités.	1,40	»	»	1,30	0,90	0,30	»	0,37
Mariages, Morts et Naissances.	0,25	0,25	0,20	0,58	1,22	0,33	1,60	0,70
Temps.	0,15	0,07	2,60	0,95	0,28	1,00	0,30	0,58
Le beau Monde et la Mode.	»	0,35	4,60	2,58	1,35	1,52	»	2,83
Littérature.	0,33	1,05[6]	1,38[6]	»	»	1,38[6]	»	0,83
Illustrations	»	»	2,25	0,07	»	»	7,45	0,28
Cuba.	»	»	2,23	5,40	»	1,43	1,17	0,07
	48,31	18,98	53,17	43,67	45,13	44,69	55,63	37,42

1. 1,22 personnels et assez insultants.
2. Une partie de cela est du bavardage littéraire.
3. 3,00 pris des journaux anglais.
4. Rien de sensationel.
5. Descriptions brillantes.
6. Fiction.

restant chez lui, et au prix du moins de temps et de peine possible.

Le journal américain ordinaire n'a pas de but semblable. Il patauge au milieu des crimes, des cancans, des accidents, des sensations, des personnalités, de la fiction, des images et des nouvelles, apparemment incapable de décider exactement ce qu'il veut faire. Un des huit journaux, le jour où j'ai fait la table ci-jointe, consacre presque un douzième de son contenu total au temps; un autre consacre beaucoup plus de la moitié de son contenu aux crimes, aux annonces, au sport et aux commérages; un autre donne la moitié de ses colonnes aux annonces; un autre hésite évidemment entre le sensationnel d'un côté, et de l'autre la décence et l'ordre de son contemporain du soir de la même ville. Dans tous, à l'exception d'un seul, on peut dire que tout est élargi d'une façon grotesque, avec l'intention évidente de donner aux lecteurs l'impression d'avoir une quantité de nouvelles pour leur argent.

Les journaux compris dans cette table ont été choisis au hasard quant à la date, et on n'a essayé ni d'indiquer une morale, ni d'illustrer une histoire en choisissant un numéro spécial pour appuyer un point quelconque. Ils sont là tels qu'ils pourraient apparaître n'importe quand à un étranger qui les parcourrait à l'hôtel ou au club.

La première chose que l'on remarque, c'est le mépris complet des proportions, quand on compare ces journaux au *Figaro*, par exemple. Sûrement, il est impossible que pendant n'importe quelle journée à New-York, les accidents, les crimes, les incendies et les banqueroutes, sans compter les annonces, puissent s'élever à un tiers de toutes les nouvelles et discussions, comme cela paraît être d'après un de ces journaux; ou que le temps puisse être une source de discussion capable d'occuper un douzième d'un grand journal du matin; ou que la haute volée de Chicago occupe tout à coup un vingtième de l'intérêt causé par tout le reste du monde connu. Si je faisais ces rapports sans donner de preuves, la critique apparaîtrait, comme il arrive souvent, avec son « exagération d'étranger », ses « absurdes généralisations d'incidents fort rares », et ainsi de suite; mais heureusement, la table est là, et d'après elle chacun peut tirer ses propres conclusions. Ma conclusion à moi, c'est qu'à moins de réussir des journaux comme la « Post », le « Sun », la « Tribune » de New-York, par exemple, on serait porté à croire que la population consiste en thugs, en incendiaires et banqueroutiers, qui, pour des raisons inexplicables, dépensent de larges sommes en annonces.

Ici encore nous rencontrons ce trait spécial des Américains, cette démangeaison d'être occupé, et avec cela une tendance à ne jamais réfléchir sérieusement à quoi que ce soit. On fait beaucoup trop de choses, et on réfléchit beaucoup trop peu. La plupart des journaux montrent assez correctement cette disposition d'esprit. On peut très bien se représenter le rédacteur de l'un d'eux, « terriblement occupé », n'ayant pas le temps de réfléchir — la dernière chose qu'il veuille faire, ou probablement dont il soit capable —, entouré de téléphones, de machines à écrire, de sonnettes, de sténographes, craignant qu'un rival n'attrape un meurtre, un incendie, une lutte ou un scandale personnel qu'il veut lui-même ; exagérant des nouvelles qu'il contredit promptement le lendemain, et répandant à grands flots des faits mal à propos, inexacts et malsains sur des lecteurs à qui il enseigne le scepticisme, la frivolité et l'avidité pour le sensationnel. La ruine lui pend à l'oreille s'il permet à ses lecteurs de réfléchir ou d'étudier, et il fait tout ce qui est en son pouvoir pour occuper leurs esprits, afin qu'il ne leur reste plus de temps pour l'étude ou la réflexion.

Les gens d'esprit disent quelquefois que

l'Église catholique cherche à faire rester le peuple dans l'ignorance afin de le dominer plus aisément. On peut dire cela en toute vérité de certains journaux grandement répandus en Amérique. Les gens qui les lisent sont nécessairement des esprits sans culture, et ces journaux font ainsi un tort énorme à l'État en retardant le développement d'un suffrage éclairé, la seule sauvegarde possible d'une république.

Il serait aussi impossible à un homme d'éducation universitaire de lire régulièrement quelques-uns de ces journaux, que de s'amuser pendant ses moments de loisir avec les joujoux de son bébé ou avec des chansons enfantines. Et pourtant il faut que les classes supérieures aident en grande partie à soutenir ces journaux, puisque ce sont elles en général qui ont l'argent. Elles y mettent leurs annonces, et s'y abonnent souvent; car, bien que les acheteurs soient nombreux, ce n'est pas la vente d'un journal d'un sou qui fera la fortune de ses propriétaires.

Étant étranger, je n'oserais pas citer ici les choses méprisantes que presque tout Américain respectable vous dirait sur le compte des plus mauvais de ces journaux. Mais finalement, la bonne humeur et l'insouciance l'emportent; on les dénonce, puis personne ne pense à aller plus loin.

En Amérique, les hommes capables qui ont de l'éducation et qui ont voyagé ne sont pas aussi nombreux qu'en France, en Angleterre et en Allemagne. Ceux qui ont ces qualifications font de l'argent dans d'autres affaires, ou ce sont des oisifs que les journaux appellent *club-men*, et ils sont peu nombreux. On savait en Europe que Lord Salisbury, le premier ministre de l'Angleterre écrivait régulièrement autrefois pour la « Saturday Review », sous le voile de l'anonyme, bien entendu.

S'il s'était présenté à un rédacteur américain pour faire partie de son personnel, il n'y en aurait pas eu un sur dix qui eût été capable de se servir de lui, si ce n'est pour publier le fait que « Salisbury suspend maintenant sa couronne et sa robe de pair derrière la porte de notre bureau ! »

Beaucoup de ces journaux à incendies, faillites et luttes n'ont pas de place pour des articles tels que le futur premier ministre de l'Angleterre pouvait écrire, et ils n'en ont pas besoin. Ils ne veulent pas d'hommes qui savent s'arrêter et réfléchir, ils veulent des hommes qui savent courir et sauter ; plus la flaque d'eau dans laquelle ils tombent est sale, et mieux cela vaut.

Un homme comme M. de Pressensé ou comme Sir Charles Dilke, dont les opinions sont de la plus grande autorité sur ce qui regarde les colonies anglaises, attendrait en vain une place dans le personnel d'un journal américain. Le rédacteur américain veut quelque chose qu'il pourra vendre demain matin, et non pas quelque chose qui sera vrai demain et toujours. La grande majorité des Américains ne savent pas distinguer le bon anglais du mauvais — bien qu'ils aient une fine appréciation du style exagéré — donc un écrivain intelligent et de bonne éducation ne vaut pas plus que le reporter ordinaire, et coûterait probablement davantage.

Comme la politique intérieure est dirigée non par le peuple mais par des hommes qui en font un gagne-pain, il n'est pas nécessaire que le peuple étudie la politique dans les journaux; quant à la politique étrangère, les Américains en général s'y intéressent peu, et font peu attention à ce qu'on écrit sur ce sujet. Il en résulte que ce n'est pas dans les journaux que l'on cherche un enseignement direct et considérable comme dans les autres pays.

« Ce qui se passe » est un titre familier dans beaucoup de journaux, et leur seul but est de dire cela tragiquement ou convenablement, sans s'inquiéter de l'exactitude. Dans un empire ou une monarchie, il n'est peut-être pas nécessaire que le peuple étudie, mais dans une république, c'est de la première nécessité. Pour apprendre et pour étudier il faut y être dressé, et cela ne vient pas en buvant de l'absinthe et des « cocktails ».

Les journaux inférieurs habituent le peuple à une nourriture intellectuelle tellement assaisonnée, que la simple nourriture des pensées honnêtes ne lui plaît plus. Donc, non seulement ces journaux n'enseignent rien de bon eux-mêmes, mais encore ils empêchent les autres d'enseigner quoi que ce soit qui ait la moindre valeur. Ce qui prouve que les liseurs de journaux sont entièrement gâtés par la presse à sensation, c'est l'impossibilité qu'il y a ici de publier avec succès un journal hebdomadaire comme le *Spectator* de Londres, et la difficulté de faire rapporter assez à un journal quotidien.

D'un autre côté, les Américains ont un journal hebdomadaire illustré, intitulé, je crois, *Harper's Weekly*, qui est de beaucoup supérieur à tous les journaux de ce genre en Europe, et tous leurs journaux mensuels, admirablement illustrés, n'ont pas de rivaux dans le monde entier. Ceux-là ne dépendent point pour leur popularité de telle ou telle ville, ou de telle ou telle partie du pays, mais les classes supérieures de tout le pays s'y abonnent et les lisent. Il est juste que je dise ici que mes conclusions favorables à l'égard de journaux tels que le *Sun*, la *Post* et la *Tribune* de New-York, et d'autres dans d'autres villes, ne sont que l'écho de l'opinion des gens respectables.

Je me flatte, non d'avoir fait des découvertes sur les journaux, mais bien d'avoir jugé les journaux américains à l'européenne avec ce résultat : c'est que ce jugement s'accorde avec celui des Américains, les meilleurs juges dans cette affaire.

Rien n'est plus difficile pour un voyageur que de dire ce qui est bon et ce qui est mauvais dans une nation étrangère. Mais, pour parler d'une manière générale, dans le monde entier on croit que le courage est une vertu et que la lâcheté est un vice. Si on remonte la généalogie d'une vertu quelconque, on trouve que le courage est l'ancêtre le plus reculé; si on fait de même avec un vice, son ancêtre est la lâcheté. Nous admettons tous, — Français, Américains, Anglais, Italiens, — que de frapper un homme ou une femme par derrière, de leur lancer des injures anonymes, — un journal de l'Ouest appelle le Président des États-Unis un batteur de femme — de publier avec persistance de fausses nouvelles, de se mêler des affaires de famille; de publier des photographies volées de femmes et d'enfants; d'écouter et de répandre des histoires diffamatoires sans prendre la peine de chercher à entendre le parti opposé, de consacrer une position responsable à l'exploitation du crime, du scandale et des bruits incertains; nous admettons, dis-je, que tout cela est lâche, et par conséquent, indigne d'un honnête homme. Si les journaux américains ont l'habitude de faire ces choses-là nous nous accordons tous à dire qu'ils sont mauvais, sans qu'il soit nécessaire d'entrer dans des détails de morale qui prêtent à la discussion et à l'argumentation. Personne ne nie que quelques-uns de ces journaux, leurs propriétaires et leurs rédacteurs se consacrent à imprimer de telles choses.

L'étrange code de morale de ce peuple se montre ainsi plus que jamais. Il peut se faire que vous dîniez à côté d'un homme qui, il y a quelques heures, a lu l'épreuve d'un article racontant les vilains détails d'un scandale social, et qui a donné l'ordre de le faire imprimer. Si ce même homme racontait la même histoire à son club, on ferait des démarches pour l'en expulser. Plus on avance dans l'intérieur du pays, plus les gens regardent leurs journaux comme des chars de Djaggernat privilégiés, sociaux et moraux, devant lesquels on ne peut que s'agenouiller et se laisser écraser.

Ils sont ingénieux, ces Américains. Avant

peu il y aura une Association américaine pour se protéger contre les journaux. Les membres de cette Association paieront tant par an, et l'Association promettra, en retour, avec l'aide d'éminents avocats et de beaucoup d'argent, de protéger ses membres contre les attaques anonymes d'un genre malicieux ou intrigant. Alors prendra fin ce trait de la vie américaine, le plus vulgaire et le plus incompréhensible pour l'étranger, qui consiste à publier chaque jour des détails personnels de la vie privée et sociale.

Sans doute, beaucoup d'Américains aiment à voir leur nom imprimé, mais ce sont, généralement, ceux qui n'en sont pas dignes, et quant à ceux qui ne l'aiment pas, on leur rend parfois la vie intolérable.

Même au point de vue du commerce, on estime que des Américains dépensent, maintenant en Europe, bien des millions de dollars, acquis à grand'peine, et ils vous disent franchement que ce sont les journaux qui les ont chassés du pays. La seule grande faute qu'ils ont commise, c'est de posséder une grande fortune, mais les journaux ont rendu la vie intime impossible pour eux, pour leurs enfants, et même pour leurs domestiques, et ce que l'argent ne peut pas acheter ici, ils sont allés le chercher en paix en Europe.

14.

Assurément, le marchand yankee, dégourdi, verra bientôt que ce genre de propriétaire de journal fait sa fortune à lui, plutôt que de faire celle du marchand. C'est bien une des formes de la philanthropie que de chasser le riche afin de nourrir le pauvre avec des sensations ; mais dans un pays commerçant, c'est un genre de charité qui, non seulement commence, mais aussi finit par soi-même, chez quelques rédacteurs de journaux.

Cette liberté de la presse a peut-être ses avantages sur un point spécial : c'est la confiance du public en ce que ces journaux ne sont pas, en général, subornés dans un but financier ou commercial ; bien que, sans doute, les journaux provinciaux sont payés régulièrement par l'un ou l'autre parti dans chaque grande campagne politique. Quelquefois, quand des questions importantes d'économie politique ou de finances sont en jeu, on dépense, de cette façon, des sommes énormes ; le parti qui donne les subsides croit, naturellement, qu'une telle dépense est un moyen légitime de faire l'éducation du peuple.

Pour conclure, on peut dire qu'au moins les journaux américains font de grands efforts, et souvent avec succès, pour être intéressants et amusants. Quant à un grand nombre de leurs rédacteurs et de leurs collaborateurs, je devrais toujours être le prémier, et je le serai certainement, à soutenir qu'ils sont, non seulement amusants et intéressants, mais aussi admirablement ment hospitaliers. J'ajouterai qu'il en est de même dans bien d'autres parties de la vie américaine. Les hommes valent mieux que leurs œuvres. Les voyageurs qui rencontrent et connaissent des Américains ont, généralement, confiance dans le résultat final des institutions américaines. Mais ceux-là sont plus portés au pessimisme qui jugent l'Amérique seulement d'après les œuvres ou la diplomatie américaine, ou encore d'après les Américains qui flânent en Europe.

XX

CONCLUSION

Ce n'est pas petite affaire que de donner ses impressions sur une nation de soixante-dix millions d'habitants, éparpillés sur un pays qui va de l'Atlantique au Pacifique, et du Canada au golfe du Mexique. Il y a tant de nationalités différentes, tant de climats différents, que l'on trouve que des déclarations qui s'appliquent à une section, à une classe et à un climat, ne s'appliquent pas à une autre section, un autre climat, une autre classe. Bien qu'il y ait du snobisme social à New-York, et du snobisme intellectuel à Boston et une triste tendance au superficiel à Chicago, il n'y a rien de la sorte à Bloody Gulch ou à Galveston.

C'est cette diversité qui rend le pays si intéressant au voyageur qui va d'endroit en endroit, simplement pour voir et entendre quelque chose de nouveau, mais qui au contraire fait paraître chaque localité particulière monotone et provinciale à l'Européen habitué à avoir tous les climats, toutes les classes, tous les intérêts centralisés dans une capitale.

Paris, Berlin, Londres, Rome, Buda-Pesth offrent une bien plus grande variété à la fois intellectuelle et matérielle que n'importe quelle ville d'Amérique ; et pourtant, si on voyage en Amérique, on trouve un peu de Londres, de Paris, de Berlin, de Rome, et même de Buda-Pesth caché dans un coin ou l'autre de cet énorme pays.

Tout ce qu'on dit peut être vrai, et pourtant tout peut être contredit par la juste colère de quelque communauté, où tel ou tel état de choses n'existe pas. Si une certaine condition d'affaires sociales existe à New-York, et le voyageur appelle cela américain, le citoyen de Davenport témoigne que cela n'existe pas chez lui, et par conséquent il accuse le voyageur de ne pas connaître l'Amérique.

La loi de Lynch est américaine dans la Caroline du Sud, mais pas à Boston — du moins, depuis 1860 à peu près ; il est américain à New-York d'aller à un dîner les épaules et la gorge nues, mais une telle exposition à Davenport ferait arrêter la coupable, ou, du moins, elle serait sûre de la condamnation sociale; bavarder de Sthendal, de Rossetti et de Browning est américain à Chicago, mais ce serait de la folie pure et simple à Bloody Gulch; avoir une baignoire et une chemise et un col propres, se raser et porter un habit tous les jours pour dîner est américain à Washington et n'amène aucune remarque, mais faire ces choses-là à Valentine (Nebraska) amènerait non seulement des remarques, mais aussi probablement une persécution sociale; avoir un valet et porter des souliers polis, se brosser les cheveux jusqu'à ce qu'ils luisent, et conduire un tandem, tout cela est non seulement américain mais banal à New-York, tandis qu'à Sioux City on considèrerait une telle conduite comme pas américaine, et même anti-américaine; porter des culottes courtes, des bas bigarrés et un gilet écossais n'excite point de commentaires dans la campagne aux environs de New-York, mais à Topeka, une apparition de ce genre assemblerait une foule, et peut-être même serait-il nécessaire de faire venir la police.

Ce n'est donc pas étonnant que le duc de Liancourt, de Tocqueville et Savarin, parmi mes compatriotes, ainsi que Mme Trollope, Dickens, Lady Stuart Wortley, Richard Cobden, Frederika Bre-

nier, Arnold, **W. H.** Russell, et d'autres étrangers qui ont visité l'Amérique, aient attiré sur
leurs têtes les moqueries, la dénonciation et les
injures. Ils ont sans aucun doute dit la vérité
sur ce qu'ils ont vu, et ils l'ont dite gentiment et
avec la meilleure intention du monde ; mais
c'est le pays des contradictions, et c'est une tâche
légère pour le critique indigène de flatter ses
concitoyens sensitifs en ne leur montrant que
tel ou tel côté de la description, suivant le cas
du défendeur.

Il est donc évident que je ne puis, de bonne
foi, faire des excuses pour mes erreurs à
M. Smith, de Davenport, et à M. Jones, de Bloody
Gulch, quand, pour M. Knickerbocker, de New-
York, et M. Mayflower, de Boston, ce ne sont pas
du tout des erreurs ; ou à M. Knickerbocker et à
M. Mayflower, pour des erreurs qui n'en sont
point pour M. Smith et M. Jones. Je dois courir
les mêmes risques que d'autres visiteurs de
l'Amérique, si les critiques américains considèrent ma chronique aimable et fraternelle
comme étant digne de leurs remarques.

Si on me demandait de résumer en quelques
paragraphes les différences fondamentales entre
cette civilisation nouvelle et les civilisations plus
anciennes de l'Europe, je dirais ce qui suit :
Premièrement, on exclut d'une manière étrange

les classes plus cultivées, même d'une part pro-
portionnée de l'autorité et de la responsabilité
dans le mécanisme du gouvernement. Ce ne sont
pas les meilleurs hommes qui dirigent dans la
politique extérieure. Il se peut qu'ils le fassent
indirectement, mais ils ne se montrent pas directement. Cet état de choses explique les méthodes
politiques en vogue qui se fient au hasard, et, en
même temps, cela explique pourquoi la vie
sociale — le beau monde — frappe l'étranger par
son manque de réalité, son inefficacité, sa mono-
tonie et son détachement des affaires sérieuses.

Dans l'ancien monde grec, un homme n'était
pas citoyen à moins de s'occuper de politique ;
pour l'étranger, cette démocratie semble demander, pour être stable, que chaque homme d'éducation s'occupe de politique et que chaque politique soit un homme d'éducation, mais il n'y a
pas un voyageur honnête qui puisse dire que ce
soit la situation actuelle.

Deuxièmement, il y a, sans aucun doute, du
mécontentement social dans ce pays nouveau,
tout comme en Europe. Pourtant, en Europe,
ce mécontentement pose au moins pour de la
philosophie, même dans de certains endroits
pour de la religion, et il distingue ses chimères
par les noms variés du socialisme. Ici le mécontentement social est principalement une jalousie

avouée et vulgaire. Le résultat en est ce que j'ai noté autre part, que les classes sont plus séparées et viennent moins en contact l'une avec l'autre ici qu'en Europe. Au premier abord, cela semble peu probable, jusqu'à ce qu'on se rappelle que la camaraderie et même l'amitié peuvent exister, malgré les opinions contradictoires, mais jamais malgré la méfiance et la jalousie, particulièrement une jalousie aussi sordide.

Cet éloignement de la part des gens polis et cultivés, et cette jalousie non déguisée et immodérée de la part des classes fortunées, sont des traits saillants de la vie ici, du moins de la vie au point de vue de l'observateur étranger. On peut faire remonter tous les détails, les anecdotes, les illustrations et les commentaires qui précèdent, plus ou moins directement, jusqu'à ces plus vastes considérations que je viens de nommer.

J'aime tant l'Amérique et les Américains; ils ont été pour moi si hospitaliers, si généreux et si aimables, leur pays est si évidemment prospère, que je ne puis m'imaginer les avoir critiqués, dans les pages de ce journal, d'une façon indigne d'eux ou de moi. Si je l'ai fait, j'en demande pardon immédiatement; certainement c'est une faute, non pas seulement envers

New-York, mais aussi envers Bloody Gulch,
non pas seulement envers la Nouvelle-Orléans,
mais aussi envers la communauté la plus sep-
tentrionale de l'Orégon.

En tout cas, que les critiques soient aimables
ou durs, on ne peut me priver du triomphe que
j'ai le plus désiré. La femme pour qui j'ai en-
trepris ce journal au début, a beaucoup joui de
la lecture du manuscrit, et elle pense que les
Américains doivent être un « peuple curieux et
intéressant » ; — il se peut, hélas! qu'elle l'ait
lu à la hâte — néanmoins, ma tâche et l'impression qu'après tout je désirais produire ont été
acceptées dans le sens que j'ai voulu leur donner. Donc :

All is well ended, if this suit be won!
That you express content.

FIN

TABLE

I. — De Liverpool à New-York. 1

II. — New-York. — Premières impressions 12

III. — New-York au point de vue social 27

IV. — Fonctions publiques et privées. 38

V. — Contrastes sociaux. 50

VI. — Évidence contradictoire. 62

VII. — Les gens affairés. 76

VIII. — La politique en Amérique. 91

IX. — Une visite à Boston 103

X. — Distinctions de classes. 115

XI. — Concord, Plymouth et Cambridge 130

XII. — Voyage à l'américaine. 142

XIII. — La zone noire. 154

XIV. — L'imprévoyance. 164

XV. — L'enfant terrible. 177

XVI. — Le beau monde 190

XVII. — Séjour d'été. 204

XVIII. — Chicago. 218

XIX. — Les journaux américains. 231

XX. — Conclusion. 248

IMPRIMERIE DE SAINT-DENIS. — H. BOUILLANT, 20, RUE DE PARIS. — 15364

www.ingramcontent.com/pod-product-compliance
Ingram Content Group UK Ltd.
Pitfield, Milton Keynes, MK11 3LW, UK
UKHW022330090726
13658UKWH00001B/180